JN147466

清朝独自の“八旗（はっき）”制度

正黄旗（せいこうき）

鑲黄旗（じょうこうき）

正白旗（せいはくき）

鑲白旗（じょうはくき）

正紅旗（せいこうき）

鑲紅旗（じょうこうき）

正藍旗（せいらんき）

鑲藍旗（じょうらんき）

※実際の軍隊の配置はこの順序の通りではない

八旗甲冑　甲（よろい）は綿布で裏打ちされ、面は綢製で銅釘の飾りが施されている。冑（かぶと）は牛皮製。乾隆年間に杭州で数万着の甲冑が製造されたという。写真の甲冑は、「大閲」という特別な閲兵儀式に着用するもので、戦時や普段着として用いるものではない。『清代宮廷生活』より。

教科書には書かれていない封印された中国近現代史

宮脇淳子

ビジネス社

序章　中国の海洋進出と尖閣問題

第1章　「中国」とは何か

第2章 近代以前の歴史

第3章　アヘン戦争の衝撃

第4章 清の衰退―太平天国の乱と第二次アヘン戦争

第5章　洋務運動と日本の明治維新―清はなぜ日清戦争に負けたのか

第6章　孫文にまつわる真実と嘘―辛亥革命から国共合作へ

第7章　二十世紀前半の日中関係史

第8章 日本の敗戦後の中国大陸と日本人の運命

本書は２０１６年４月30日に株式会社柏艪舎より刊行された『教科書で教えたい真実の中国近現代史』に大幅な加筆・修正を加えて改題した改訂版です。

序章

中国の海洋進出と尖閣問題

尖閣問題とは何か

日本政府が沖縄県石垣市の尖閣諸島を国有化してから、二〇一七年九月十一日で五年が過ぎました。日中国交「正常化」四十周年を迎えた五年前の二〇一二年九月には、日本の尖閣諸島国有化に大反発した中国が政府主導の反日暴動を各地で起こし、満洲事変の発端となった柳条湖事件記念日の九月十八日には、中国の百二十五都市で数十万人の参加者が反日デモに参加しました。また国連では、同年九月二十七日、中国の楊潔篪（けっち）外相が総会の一般討論演説で、尖閣諸島を「日本が盗んだ」と発言しました。

それ以来今日まで、中国公船による尖閣諸島周辺の日本領海侵入は常態化しています。最近は、接続水域（領海の外側約二十二キロメートル）内の航行は、ほぼ毎日のうえ、三隻だったのが四隻に増えた中国公船が、月三回のペースで領海侵入をくりかえしています。さらには、「中国の管轄区域でパトロールを実施している」と、尖閣周辺を航行する日本の海上保安庁巡視船に繰り返し警告する映像を、動画にして国際社会に配信するという宣伝戦まで繰り広げています。

尖閣諸島は日本の固有の領土です。これから歴史的経緯をお話ししますが、いくらでも証拠があります。でも中国は、尖閣諸島を日本から奪うつもりでいますから、歴史の書き換えをどんどん行なっています。「たとえ嘘でも、百回言えば本当になる」と中国人は本気で考えているのです。

中国が尖閣諸島の領有権を主張するようになったのは一九七〇年

中国と台湾が尖閣諸島の領有権を主張するようになったのは、じつはつい最近、海底に埋蔵資源があるとわかってからです。

一九六九年、国連アジア極東経済委員会（エカフェ）が、尖閣諸島海域に、石油、天然ガスなどの埋蔵資源があると発表しました。そのあと一九七〇年十二月頃から、中国は尖閣諸島の領有権を主張し始めるようになりますが、初めて中国が世界に向けて尖閣諸島の領有権を主張したのは、一九七二（昭和四十七）年三月三日の、国連海底平和利用委員会の場でした。

尖閣諸島は、住所は日本国沖縄県石垣市です。沖縄がアメリカから日本に返還されたのは一九七二年五月十五日ですから、中国が領有権の主張を始めたときには、まだアメリカの統治下にあったわけです。

当時沖縄を委任統治していた琉球列島米国民政府に対して、日本は一九六八年、尖閣諸島周辺で台湾漁民がしている不法行為、すなわち密漁や難破船の占拠などを取り締まるように、強く要求しました。つまり、このとき日本は、尖閣諸島に対する日本の領有権を、アメリカに確認させているわけです。

一九六九年十一月二十二日、佐藤栄作＝リチャード・ニクソン会談で沖縄復帰が合意されたのち、台湾の中華民国のほうも、尖閣諸島を日本に復帰させるのを保留するよう、アメリカに求めました。台湾人も中国人ですから、自分たちの利益になることなら、相手の隙を突いて、ダメ元でもとりあえず言ってみるのです。

台湾は初め、尖閣諸島に対する権利を直接主張したのではなく、とりあえずアメリカがこれらの島々を日本に復帰させるのを保留するように求め、それが実現したなら、そのあと日本と交渉しようとしました。そしてもちろんアメリカは、尖閣諸島は琉球諸島の一部なのだから、日本に復帰させると言ったわけです。

ところが一九七一年六月になって、台湾は、今度は尖閣諸島の領有権を主張し始めました。このときの台湾の言い分が、今、中華人民共和国が日本に対して、「尖閣諸島を盗んだ」という主張の根拠に使っているものです。台湾と中国はもちろん別の国ですが、中国の公式声明は台湾を中国領だとするものですから、台湾の説明をそのまま利用しているのです。このとき台湾が主張した言い分は、このようなものです。

一、十五世紀の明の時代から、琉球に冊封使を送っていたが、その使節団の旅行記に、とくに釣魚台（魚釣島）、黄尾嶼（久場島）、赤尾嶼（大正島）の三島のことが詳しく記されている。その記述によれば、これらの島々は台湾と琉球の境界線と考えられてきた。

二、釣魚台列嶼（尖閣列島）の地質学的構造は台湾のものと似ていて、地理的にも台湾と隣接している、だが、沖縄からは二〇〇マイル以上も離れている。

三、釣魚台列嶼は、長年にわたって台湾漁民の漁場だった。彼らはこれらの島を、嵐を避けるためや、船や漁具を修理するために使ってきた。

四、日本政府は釣魚台列嶼を、一八九四年以前、つまり日清戦争以前には沖縄県に編入していなかった。この編入は、日清戦争のあと、清朝による台湾と澎湖島の割譲の結果起こっている。

大陸の政権と日本に両属していた琉球王国が日本領になる

まず、台湾の言い分その一を考えましょう。

琉球国王は、明の皇帝にも清の皇帝にも臣下の礼を取って、王に封じられていました。これを冊封と呼びます。

冊封とは、まわりの国や部族がシナの皇帝を宗主と仰いで使節を派遣し、自分が統治する権利を皇帝から承認してもらうことです。

今の中国は、使節がやってきた地域はすべて昔から中国の領土だったと言いますが、王が朝貢にやってきたからといって、王の統治下の地域が大陸にあった王朝の属国であったわけではありません。しかも、まだ中国という国家はありません。

中華民国が誕生するのは、一九一一年十月に、清の南方で武昌起義（辛亥革命）が起きた翌年の一九一二年一月のことです。中国人と呼ばれる人たちも、まだいなかった頃の話です。

琉球王国は、確かに明や清と朝貢・冊封関係にありましたが、一六〇九年以後は、日本の薩摩藩の支配下に入り、大陸の王朝と、薩摩藩そして徳川幕府に「両属」していました。

日本は清との間で日清修好条規を結んだ翌年の一八七二年、琉球を琉球藩とし、国王を華族に列しました。一八七五年に明治政府は琉球に対して清への朝貢を禁止し、福州琉球館を廃止します。そして一八七九年、明治政府は琉球藩を廃して沖縄県を置いたのです。

日本が沖縄県を設置したことに清が抗議すると、翌年に日清協約を結び、正式に琉球は日本国であるということを清国に認めさせています。ところが、交渉を終えたはずの条約にもかかわらず、清国内で反対意見が出たことにより、清国はぐずぐずと調印を延期しました。サインしてしまったら永久に琉球を失うことになると考えたからです。しかし、日清協約が第八回の最終交渉を終えて一応の合意に至ったことは事実です。今の中国はこれが悔しくて、その前にまで歴史をさかのぼって沖縄も中国領にしたいと望んでいるのです。

話をもどして、冊封使の旅行記に尖閣諸島が登場し、台湾と、琉球すなわち沖縄の境界線と考えられていたからといって、尖閣諸島が台湾の一部だということにはなりません。統治とも実効支配とも何ら関係がないからです。

尖閣諸島は下関講和条約以前にすでに日本領になっていた

二番目の「釣魚台列嶼（尖閣列島）の地質学的構造は台湾のものと似ていて、地理的にも台湾と隣接している、だが、沖縄からは二〇〇マイル以上も離れている」は、大陸棚条約などを意識したものでしょうが、一八九五年以降、日本が領有していた歴史的事実があるのですから、地質学的に台湾に近似していても、地理的に台湾に近くても、主権とは何の関係もありません。

三番目の「釣魚台列嶼は、長年にわたって台湾漁民の漁場だった。彼らはこれらの島を、嵐を避けるためや、船や漁具を修理するために使ってきた」は、アメリカの沖縄統治時代のことだと思われますが、実効支配の実績とはなりません。そもそも、日本はそれを不法行為として取り締まるように、琉球列島米国民政府に、再三要求しているのです。実際、一九六八年の要求のあとは、台湾漁民は尖閣諸島周辺に入域する際には、琉球列島米国民政府の指定する手続きをとることになりました。

四番目の「日本政府は釣魚台列嶼を、一八九四年以前、つまり日清戦争以前には沖縄県に編入していなかった。この編入は、日清戦争のあと、清朝による台湾と澎湖島の割譲の結果起こっている」ですが、日本が尖閣諸島を沖縄県に編入したのは、一八九五年一月、まだ日清戦争が終結していないときのことです。このとき日本人は尖閣諸島の現地調査をして、いずれの国の支配下にもないと確認し、閣議決定の上、日本の領土に編入したのです。

日清戦争で日本が勝利したあと、四月に結ばれた下関講和条約では、尖閣諸島を日本に割譲するとは記されていません。もし下関条約で清国から日本に割譲されたのなら、敗戦後、カイロ宣言の条項を履行（りこう）すべしとしたポツダム宣言第八条にもとづき、日本は尖閣諸島を台湾に返還しなければなりませんが、尖閣諸島は日本が清から台湾の一部として割譲を受けたのではなく、日清戦争以前から実効支配していたものを、日清戦争のときに沖縄県に編入したのです。

一九七〇年までは尖閣諸島が日本の領土であると中国も台湾も認めていた

サンフランシスコ講和条約（一九五一年締結、五二年発効）第三条では、米国が北緯二十九度以南の南西諸島、つまり沖縄諸島を含むいわゆる琉球諸島を委任統治すると規定していますが、このときの南西諸島とは、条約締結のときの日米の了解で、一九三九年の日本の地図で日本の領有となっているものを言い、これには沖縄の一部として尖閣諸島が明記されています。

　サンフランシスコ講和条約を日米が結んだあと、一九七一年三月十五日になるまで、この内容に台湾は異議を唱えませんでした。

　一九四九年に大陸を追われて台湾に移った中華民国が発効した切手には、台湾と澎湖(ほうこ)諸島の他に、馬祖(まそ)列島と金門(きんもん)島が国土として記されていますが、尖閣諸島の名前はありません。

　一九五三年十二月二十五日、琉球列島米国民政府が、琉球列島米国民政府の施政が及ぶ範囲を定めた布告第二十七号を出したときも、その範囲のなかに尖閣諸島も入っていますが、台湾は異議を唱えませんでした。

　一九五三年一月八日付『人民日報』の「琉球諸島における人々の米国占領反対の戦い」の記事では、「琉球諸島はわが国の台湾東北部と日本の九州島西南部の間の海上にあり、尖閣諸島、先島諸島、大東諸島、沖縄諸島、大島諸島、トカラ諸島、大隅諸島など七つの島嶼」から成ると書いていて、琉球諸島のなかに「尖閣諸島（日本側の名前を使っている）」を含めています。

　一九六六年、中国で文化大革命の担い手だった紅衛兵(こうえいへい)向けに刊行された地図には「尖閣諸島は中国の国境外に位置しており、琉球（沖縄）列島、つまり日本に属していることを示している」と、一九七一年五月に米中央情報局（CIA）が作成した報告書が、米ジョージ・ワシントン大学国家安全保障記録保管室に保管されています。

台湾当局は、一九七〇年の中学二年生向け地理教科書「中華民国国民中学地理教科書」の「琉球群島地形図」では、同諸島を「尖閣諸島（日本名を使っています）」と明示し、台湾との間に領土境界線を示す破線を入れ日本領としていました。ところが、翌年の一九七一年の教科書になると、領土境界線を改竄（かいざん）して、破線を曲げて沖縄県与那国（よなぐに）島北方で止め、領有権の所在を曖昧にして、尖閣諸島の呼称を「釣魚台列島」に改めたことを、東京都内の公益財団法人「沖縄協会」が確認しています。

尖閣諸島の政治問題化と日本の対処の稚拙さ

尖閣問題が政治化したのは、じつは一九七二年の日中国交「正常化」交渉のときの日本側の弱腰な対応にあります。このとき、すでに中国が尖閣諸島の領有権を主張し始めていたのですから、日本政府は、中国との国交正常化の条件として、尖閣諸島に対する中国の領有権主張を撤回させるべきでした。当時の日本政府が、中国側の領土主張をはっきりと拒絶せず、中国によって突きつけられた尖閣問題に決着をつけないまま国交正常化してしまったことにそもそも原因があるのです。

だいたい「日中国交正常化」ということば自体が、それまでの中華民国台湾との国交を「不正常」だったと言っているのに等しいわけですし、「日中国交回復」に至っては、一九四九年に誕生した中華人民共和国との初めての国交樹立にもかかわらず、ことばの使い方が間違っています。中華人民共和国との外交交渉は、スタートから日本が位負けしています。相手の言い分をそのまま受け入れ、相手の土俵で相撲を取る状態が続いているのです。

一九七二年に「日中国交回復」を急ぐ田中角栄政権と外務省は、尖閣問題に関して、中国側に強く主張することはありませんでした。唯一、田中総理が「国交回復」のために周恩来首相と行なった会見の中で一度だけ「尖閣問題についてどう思うか」と尋ねましたが、それに対して周首相が「今回は話したくない。今これを話すのはよくない」とかわすと、田中総理は話題を引き下げて、二度とこの問題に触れなかったそうです。このようなやりとりを記した外交秘密文書が明るみに出たのは、二〇一一年十二月のことです。

次に日中外交の場で尖閣諸島が問題になったのは、一九七八年十月の鄧小平来日のときです。鄧小平は、記者会見で尖閣問題について質問されて、「われわれは知恵が足りない。次の世代は賢くなるでしょう」と発言しました。これが「棚上げ論」ですが、当時の中国の国益からすれば当然です。鄧小平が「韜光養晦＝自分の能力を隠して外に出さない」を外交の基本としたのは、「時期が来るまで待て」という意味だったからです。

鄧小平来日の半年前の一九七八年四月に、中国本土から百隻規模の漁船団が尖閣諸島付近の海域に大挙侵入してきて、日本の領海を侵犯したうえ、不法な漁獲操業まで堂々と敢行するという事件が発生しました。百隻以上の漁船団を組織できるのは、中国政府当局以外には考えられません。つまり中国はまず無言の脅しをかけて日本政府を震え上がらせたうえで、今度は鄧小平が棚上げ論を持ち出して懐柔するという策に出たのです。

このとき日本政府は、鄧小平の「棚上げ論」にいっさい反論もせず反発もせず、事実上容認してしまいました。愚かにもそれは、尖閣諸島に「領有権問題」が存在することを、日本政府自身が認めたことを意味します。

しかも日本は、「棚上げ論」があるから、「現状維持のまま、日中双方が行動を取らない」という暗黙の了解があると高をくくっていました。しかし中国は、鄧小平が依然として最高実力者として君臨していた一九九二年九月、「領海法」を制定して、尖閣諸島を公然と中国の領土だと規定しました。自ら「棚上げ論」を反古(ほご)にしたのです。

民主党政権時代の中国漁船衝突事件

それにもかかわらず、日本政府はこのときも中国に抗議をしないままでした。日本さえ平和主義ならすべてうまくいくという考えの日本人が政府やマスコミを牛耳り、いたずらにときが過ぎました。中国共産党政府は、日中国交「正常化」後、日本のあらゆる分野に多数の中国人を送り込み、日本の各界にさまざまな工作をしかけて、親中派日本人の数を増やし続けて今日にいたっています。

二〇一〇年九月七日、尖閣諸島近海で中国漁船衝突事件が起きました。日本の領海を侵犯した中国漁船が、日本領海からの退去を命じた日本の巡視船に体当たりして破損させ、海上保安庁が逮捕・拘置した中国人船長を、九月二十四日、那覇地方検察庁が、処分保留で釈放してしまったという事件です。

当時、首相だった民主党の菅直人が何と言いつくろうと、これは決して法に基づいた司法上の判断ではなく、中国政府の圧力に屈した結果であることは、日本人なら誰でも知っています。民主党政権が中国への配慮から映像の公開を拒否していた、海上保安官が撮影していた四十四分間の漁船衝突時の動画が、十一月になってユーチューブに流れたのをご覧になった人もいるでしょう。

二〇一二年八月十五日に香港の活動家の尖閣への不法上陸を許したときも、日本政府はすぐに彼らを飛行機で送り返してしまいました。これでは、「尖閣諸島は日本の領土だ」といくら言っても、国際社会に認めてもらえるかどうか、怪しいものです。「歴史的な証拠がある」と小さな声で言っているだけでは、国は守れません。軍事や外交や経済など、あらゆる力を動員し、国民全員に国を守る決意が必要なのです。

前述したように、琉球諸島が日本領になったのは、明治時代の日本人の胆力と先見の明に負っています。「かつては、国際社会にいち早く参画した日本に遅れを取ったが、軍事力も経済力もできた今、これを取り戻そう」と、中国人は本気で考えています。平成の日本人が、アメリカの核の傘の下で平和ぼけしたままでは、先人の遺産を食いつぶしてしまうのではないか、と私は憂慮します。

中国人にとって、歴史は政治

中国史では、いったん権力を握ると、過去はすべて自分たちに都合のいいように書き換えてきました。歴史は、現政権にとって都合がいいものに決まっているのです。中国人は、日本人のように、史実を追求したい、本当のことが知りたい、というような気持ちは持ったことがありません。

紀元前一世紀に書かれた司馬遷（しばせん）の『史記（しき）』が中国（シナ）で初めての歴史書ですが、そのあと『漢書』、『後漢書』、『三国志』など、二十四の正史が『明史』まで書きつがれてきました。正史というのは、王朝が代わるたびに、なぜ前の王朝が天命を失って、次の王朝が天命を得たかを書くものなのです。ですから、王朝を建てた創業の君主たち、だいたい最初が太祖、次が太宗という廟号（亡くなったあとお祀りするための称号で、生前にはこのように呼びません）を贈られた皇帝たちは、徳があって優れた皇帝だと書かれます。徳がなければ、天命が降りないわけですからね。ところが、王朝が滅びるときの皇帝たちは、だいたい、愚鈍か病弱か淫乱か、あるいは残酷な性格で罪もない人を殺したと書かれるのです。なぜなら、天命を失ったのだから、その理由が必要になるからです。

　だから、今、中国大陸を統治している中華人民共和国の言うことはすべて正義で、戦争に負けて（中国にではなくてアメリカに負けたのですが）、大陸から追い出された日本のしたことは、すべて悪かったとされるのです。それが、中国人にとっての「正しい歴史認識」です。

　これでわかると思いますが、中国人と日本人は「同文同種」ではありませんし、中国が日本と「一衣帯水」（両者の間には帯ほどの細い川のような隔たりがあるだけで、きわめて近接している）だというのも、日本人に中国と仲良くさせて、中国にたくさん援助させようとした人たちのごまかしにすぎません。

　日本人は、敗戦後、自分たちさえ軍備を捨てて平和を愛していれば、まわりの諸国民から安心されて好かれるだろうと考え続けてきましたが、そういう欺瞞に満ちた長い戦後は終わりにしなければなりません。いよいよ覚悟を決めなくてはならない時局になりました。もし尖閣を中国に取られたら、間違いなく沖縄も取られます。なぜなら、尖閣諸島は沖縄県なのだから、尖閣諸島が中国領であることを日本が認めるようなことになれば、当然、沖縄も中国領になると中国人なら思います。

万が一、米軍が沖縄から撤退するようなことになれば、沖縄の親中派の人たちに独立宣言をさせて、人民の意志で中国に併合するのは簡単です。内モンゴルやチベットやウイグルは、そのようにして中国に併合されたあと、中国共産党の過酷な植民地支配を受けてきました。最初は中国に加わったらこんなにいいことがあると嘘をついて人々をだましたのです。反米親中日本人も、そのように中国にだまされているのではないかと私は危惧しています。

中国も韓国もロシアも戦勝国ではない

一九四五年の日本の敗戦時には、中華人民共和国もロシア連邦も存在しませんでした。当時、連合国に参加していたのは中華民国であり、ソ連でした。今の中国は、連合国の一員だった中華民国と、日本の敗戦後、国共内戦と呼ばれる戦争を四年間戦ったあと、中華民国を台湾に追い出して一九四九年十月に成立した国家です。ロシア連邦は、一九九一年にソ連が崩壊してできた国家です。

北朝鮮も韓国も、敗戦当時は日本でしたから、日本と戦った歴史はありません。当時、朝鮮人は日本人でしたから敗戦国民であって、戦勝国でもありません。韓国が独立をしたのは一九四八年八月十五日で、アメリカの占領下からです。北朝鮮（朝鮮民主主義人民共和国）がソ連の占領下であわてて誕生したのも同年九月でした。韓国の初代大統領、李承晩（りしょうばん）は、日本の敗戦の日をわざわざ独立の日と決めました。それ以来、韓国では日本の終戦記念日の八月十五日を光復（こうふく）記念日と呼び、毎年、独立記念日として盛大にお祝いしていますが、日本から独立したわけではありませんから、史実を曲げて自分たちをごまかしているのです。

中国は、今、国連の安全保障理事国の一員だから戦勝国であるようなふりをして、「ドイツ・ファシズムと日本軍国主義に対する勝利を世界の他の国家とともに祝う」と言っていますが、中華人民共和国は、一九四九年に始まった朝鮮戦争では、国連軍と戦った敵でした。中国が国連に加盟したのは一九七一年のことで、国連の議席は、中華民国のままなのです。中国が七十年前の戦勝国であるというのも、歴史の歪曲であり書き換えです。

けれども、中国人にとっての歴史は、これまでもいつだって政治的主張でした。本書は、中国の近現代史がどのように政治的に書き換えられてきたかを、ふつうの日本人にわかってもらうことを目的としていますが、現在、中国が尖閣諸島近海の日本の領海侵犯や、国際社会において日本に対する非難を繰り返しているのは、「尖閣諸島で領土問題が存在する」と世界に向けて主張し、国際世論を味方につけるためと、うんざりした日本人に、これまでの歴史カードと同様、譲歩させようというねらいなのです。

中国人にとっての歴史認識は、要するに力で奪ったものを正当化する、という意味に過ぎませんから、日本人がどんなに理路整然と、尖閣諸島の領有権は日本にあると論じても、中国相手には何の訳にもたちません。

先に言ったように、尖閣諸島で譲歩したら、中国は、次はまちがいなく沖縄をねらってきます。すでに沖縄を中国にするつもりで、ありとあらゆることをしています。

われわれふつうの日本人がまず取り組むべきは、中国の政治的主張の嘘を見破り、真実の中国史を知ることではないかと私は思うのです。それでは、日本の中国近現代史に関する教科書の記述のどこがおかしいのかを、このあと順番に説明していきましょう。

第1章

「中国」とは何か

中国の歴史を語るのですから、まず「中国」とは何か、という定義をしなくてはなりません。じつは十九世紀まで「中国」という国家はありません。十八世紀まで「支那」という言い方もありませんでした。ここでは「支那」が「中国」になった理由を解説します。

「中国」は二十世紀に誕生した

「中国」という漢字の意味は「まんなかの国」ですが、「国」という漢字の古い字体は「國」です。この漢字が、「域」の右側のつくりが四角に囲まれた中に入っていることでわかるように、国は、もともと城壁に囲まれた場所、つまり、町を意味する漢字でした。

だから「中国」ということばの本来の意味は、まんなかの「みやこ」すなわち首都のことで、このことばが現在のような国家の意味に使われるようになったのは、一九一一年の辛亥革命の翌年、一九一二年一月に建国された中華民国が最初です。中華民国の略称を中国と言い、その国民が中国人と呼ばれるようになったわけですから、中国人ということばも、実は十九世紀まで存在しなかったのです。

中華民国を台湾に追い出して、一九四九年に建国された中華人民共和国も、略称は中国です。だから、われわれ日本人はみんな、同じ中国だと、つい思いますが、中華人民共和国は、中華民国を否定してできた国だから、べつべつの国なのです。

中国語には「近代」はなく、すべて「現代」

日本史では、江戸時代を近世、明治時代を近代、戦後を現代と区分しますが、じつは英語では、近世も近代も現代もモダーン modern です。

もともと英語には、オールド old（古代）とモダーンしかありません。これに中世 middle ages を挿入したのは、古代から現代へのつなぎという意味しかありません。

では、世界史にとって、いつからがモダーンなのかというと、現代世界の枠組み、つまり国民国家が十八世紀末に誕生したときからがモダーンなのです。

しかし日本人にとって、自分が生きている時代はたしかに現代ですが、自分が生まれる前を現代と呼ぶのは何か変な感じがしたので、現代に直接つながる明治時代からを近代と呼ぶことにしました。その前の江戸時代はというと、まず古代ではありません。さらに、貨幣経済や信用取引や商品の流通など、近代的なことがたくさん起こっているわけですから、中世でもありません。それで近世と名づけたのです。

ところが中国語には「近代」ということばはなく、モダーンはすべて「現代」と翻訳します。

だから、中国史では、アヘン戦争以後は現代史なのです。一九八〇年代に鄧小平が進めた「四つの近代化」も、中国語では「四つの現代化」と言いました。

本書の「中国近現代史」という題名は、日本人がわかりやすいように日本史の時代区分に沿ったもので、とくに日本の近代である明治時代から実際に関わり合うようになった中国の歴史、という意味だということをご理解ください。

「支那」は江戸時代から使われる

日本は戦前、お隣の大陸を支那（シナ）大陸と呼び、今の中国人を支那人と呼んでいました。日本で支那ということばが使われるようになったのは、江戸時代です。

一七〇八年、イタリアのシチリア島生まれの宣教師ジョヴァンニ・バッティスタ・シドッティが、日本にキリスト教を布教しようとして、髪は月代に剃り和服を着て刀を差した侍の姿をして、今のフィリピンのマニラから船に乗って屋久島に一人で上陸しました。

外国人でも、日本人の格好をしていたらばれないだろうと考えたところが、当時のマニラという町が、いかにいろいろな人種がいたかということを表しています。でも、日本人しか住んでいない日本では、もちろん怪しまれてすぐに捕まりました。シドッティは長崎に送られたあと、翌年、江戸に護送され、小石川のキリシタン屋敷に幽閉されたまま、一七一四年に死にました。

江戸でシドッティは、六代将軍・徳川家宣を輔佐していた新井白石の尋問を四回受けました。当時の幕府の政治における実力者で儒学者だった新井白石は、シドッティの学識や人柄に感心して敬意を持って遇し、シドッティから多くのことを聞き出しました。

新井白石は、シドッティの語ったことをもとにして、『采覧異言』（一七一三年）、『西洋紀聞』（一七一五年）を書き、ヨーロッパ人の知識に基づいて世界の形状を描写しましたが、そのなかで、日本人が「漢土」とか「唐土」とか呼んでいるものを、ヨーロッパ人は「チーナ」と言っていることに注目しました。

漢という国は三世紀に滅びて、魏・呉・蜀の三国時代になりましたし、唐も十世紀には滅んでいます。それでも日本人は、古い時代にそこから伝えられた文字を漢字・漢文と呼び続けていましたし、平安時代に遣唐使を送ったこともよく覚えていたので、お隣の大陸を、長い間、漢や唐と呼んでいたのです。江戸時代に陶器に書かれた子供を唐子と言ったり、大陸風の文物を唐様と呼んで有り難がったり、大陸から来た食物に、唐辛子や唐黍（トウモロコシは、唐唐土と、漢字で書けば二度も唐が出てきます）などという名前を付けたのはそのためです。

しかし、すでに隣の大陸では、唐が滅んだあと、宋という王朝が興って滅び、モンゴル人の建てた元も滅び、明になって、さらに江戸時代には清という国になっていました。日本人もそのことは知っていたのですが、土地を通して呼ぶ名前はなかったのです。

新井白石は、たいそう博識でしたので、ヨーロッパ人の言う「チーナ」が、古い漢訳仏典の『大蔵経』にある「支那」と同じことばであることに気づきました。お隣の大陸では王朝はどんどん交代しますから、このあと日本では、王朝名ではなく、土地の名前として支那が使われるようになり、そこに住む人を支那人と呼ぶことになったのです。世界の見方に合わせたわけです。

「支那」も「チャイナ」も語源は「秦」

「支那」という漢字は、英語の「チャイナ（China）」と起源が同じことばで、紀元前二二一年に黄河中流域を中心とした地方を統一した、秦の始皇帝の「秦」が語源です。

インドで生まれた仏典の説話のなかに、東方の国の物語が書かれていて、それが後漢で漢訳されたとき、秦を発音した「チーナ」が「支那」に、秦の土地という意味の「チーナスターナ」が「震旦」と音訳されたのです。翻訳した人は、「チーナ」が滅びてしまった「秦」のことだとはわからずに、ただ音に忠実に漢字にしたのでしょう。

「スターナ」ということばは、ペルシア語で「(誰々)の土地」という意味です。今でも中央アジアの広い地域で使われていて、「カザフ人の土地」が「カザフスタン」、「ウズベク人の土地」が「ウズベキスタン」、「アフガン人の土地」が「アフガニスタン」と呼ばれているのは、ご存じの通りです。

さて、ヨーロッパ人のなかで一番早くアジアにやってきたのはポルトガル人でした。一四九八年にはヴァスコ・ダ・ガマがインドのカリカットに到着しています。そのインドで、ポルトガル人は、もっと東のほうにチーナという国があるということを聞きました。

ポルトガル人が実際にチーナの商船に出逢ったのは、一五一一年、マレー半島のマラッカを占領してからです。こうして、ポルトガル語から、他のヨーロッパ諸語にチーナの名が広がりました。イタリア語の「チーナCina」、フランス語の「シーヌChine」、ドイツ語の「ヒーナChina」、英語の「チャイナ」は、みなポルトガル語から来ています。

「支那」から「中国」へ

あとで詳しく述べますが、一八五四年、江戸幕府は鎖国を止めて開国し、日米和親条約を結びました。外国人の犯罪を裁けない治外法権と、関税自主権のない不平等条約でしたが、軍事力で劣っている日本としては、やむを得ない選択でした。当時すでに欧米列強は、最恵国待遇（さいけいこくたいぐう）という、いずれかの国に与える最も有利な待遇を他のすべての加盟国に対して与えなければならないという原則を自分たちの間で持っていましたので、このあとすぐに結んだ日英和親条約と日露和親条約も、同じ条件の不平等条約でした。

日本は、内紛を乗り越えて一八六八年に明治維新を成し遂げたあと、列強の植民地にならないため国民が一丸となって努力し、西欧・北米の制度を学んで近代化に励みました。

一方、お隣の清朝は、一八四〇年のアヘン戦争でイギリスに敗れたあとも、日本のような国民国家化や近代化に成功しませんでした。それどころか、それまで清に朝貢（ちょうこう）していたベトナムを清仏戦争でフランスに取られたあとは、朝鮮を自国領にしようとして、日本と衝突しました。

これもあとで詳しく述べますが、一八九四〜九五年の日清戦争で、それまで「東夷（とうい）（東の野蛮人）」と呼んで軽蔑していた日本に敗れた清国は、たいへんな衝撃を受けます。日本は、開国後わずか三十年で近代化を成し遂げ、東アジアの宗主国であると自負していた清国に軍事的に勝利したからです。

清国はようやく日本を手本に近代化に乗り出すことを決め、一八九六年から留学生を続々と日本に派遣してきました。清国留学生は、日本人が自分たちの故郷を「支那」と呼んでいることを留学してみて初めて知りました。これまで清国には、皇帝（こうてい）が統治する範囲を呼ぶ呼び方は

「天下」以外になかったので、初めは日本人の習慣に従って、自分たちの国土を「支那」、自分たちを「支那人」と呼びました。

ところが、「支」は「庶子」、「那」は「あれ」という意味で、よい意味の漢字ではありません。一方「日本」は「日の本」でたいへんよい意味の漢字です。それで、こんな漢字で呼ばれるのは嫌だと考えた彼らは、十九世紀末から、「支那」の代わりに「中国」を、意味を拡張して使うようになったのです。

「中国語」の誕生は一九一八年

シナ大陸では何千年も前から漢字を使ってきましたが、漢字は目で見て意味のわかる表意文字で、地方によって読み方が非常に違っていました。耳で聞いてわかる共通語を作ろうという考えは、中華民国ができたあとの一九一八年までありませんでした。

その理由は、紀元前二二一年に異民族も住む広い地域を統一した秦が、地方によって話しことばがあまりにも違うために、漢字の字体を統一するのがようやくだったからです。このあと二千一百年以上もの間、シナ大陸では、先生の発音通りに一字ずつ読み上げて漢字の音を覚え、漢字が並んだ古典の文章を丸暗記するしか勉強する方法がなく、いつの時代も人口の一割程度の人しか漢字を使えるようになりませんでした。

一方、わが日本国では、七世紀後半にすでに万葉仮名と呼ばれる、話しことばをそのまま漢字の音で書く試みが始まっています。九世紀にはカタカナが誕生し、十世紀には万葉仮名の草書体としてひらがなが誕生しました。日本人は、話していることをそのまま文字に書けるだけでなく、難しい漢字もルビを振ることによって誰でも読めるようになったのです。

日清戦争後に日本に留学してきた清国留学生は、日本でカタカナとひらがなを知り、これがたいそう便利であることを学びました。一九一二年に中華民国が成立してまもなくの一九一八年に、中華民国教育部（文部省）が「注音字母」を作って公布したのが「中国語」の始まりです。

注音字母は日本のカタカナにならった一種の振りがなで、それぞれの漢字に振って、一定した発音を表記しようとしたものです。今でも台湾ではこれがルビとして使われています。

一方、大陸のほうでは、一九五八年に中華人民共和国国務院が「拼音（ピンイン）」と呼ぶローマ字表記法をルビとして公布しました。これは文字通りａ、ｂ、ｃから始まるアルファベットで、自国の文字である漢字を学ぶ前に、ヨーロッパの文字を学ばなければ、読み方がわからないということです。

じつは拼音にはもっと重大な問題があります。漢字にルビを振ることにしたとき、当局は、首都の北京方言を「普通話（プートンホワ）」つまり標準語に決めました。併音は、北京方言の発音をアルファベット書きしたものですが、北京以外の地方の人で、この通り正確に発音できる人はほとんどいません。

そもそも、アルファベットが並んだ拼音だけを見ても、「ニーハオ（你好）＝こんにちは」程度ならともかく、人の名前も地名も、どんな漢字なのかわかりません。漢字は同音異義語が多すぎるからです。シナ大陸では、秦の始皇帝の時代から、広い地域を統一するために、耳で聞く音を犠牲にして、形を見ないと意味がわからない表意文字としてだけ漢字を使ってきたからです。

「支那」という漢字がタブーになった理由

そういうわけで、今でも中国人にとっての漢字とは、発音よりも意味がよほど大事です。だから、戦前に使っていた「支那」を、日本人がわざと悪い漢字を使って差別したと考えて文句を言うのです。『大蔵経』の中にあったからと言っても、良い意味ではないのだから嫌なのです。「チャイナ China」ならば、意味がないから平気なのです。

シナ文明では古くから、漢字を使わない人間を野蛮人と呼んで卑しんできました。どうせ漢字の意味なんかわからないだろうと、固有名詞を漢字で書くときに、同じ音でもわざと悪い意味の漢字を使って、モンゴルを「蒙古（暗くて古い）」と書いたり、古い時代にも北方の遊牧民を「匈奴（フンヌ）」や「鮮卑（シビル）」などと書いています。古代日本の女王を「卑弥呼（ひみこ）」とわざわざ「卑しい」という字を使ったりしていますし、古代日本を指す「倭」も、チビという意味があります。

自分たちがそういうことをするから、日本にも同じようにされたと言って怒ったのです。

戦争に負けた（何度も言いますが、中国にではなくてアメリカに負けたのですが）日本に対して、「支那」は蔑称だから使わないように、と中華民国総統の蒋介石が言い、GHQ（General Headquarters　連合国最高司令官総司令部）の命令を受けた日本人は、それまでの「支那」をすべて「中国」と書き換え、英語のチャイナもすべて「中国」と翻訳してしまいました。

このために、明治以来、日本人が研究してきた支那通史が中国史ということになりました。前にも言いましたが、中国という国が誕生したのは、一九一二年の中華民国からです。それまで中国がなかったのだから、中国人も二十世紀まではいなかったのです。ことばがないということは、そういう概念もなかった、ということです。

それなのに、今では紀元前からずっと中国という国があって、中国人がいたと日本人は思っています。中国人が漢字を日本に伝えた、と誤解しています。一九四九年に中華民国を台湾に追い出して建国した中華人民共和国は、まったく違う国なのに、略称を中国としているために、日本人は誤解しているのです。

漢字の「支那」は好い意味ではないから嫌だ、と中国人が言ったのだから、意味のないカタカナの「シナ」ならいいわけでしょう。チャイナの日本語訳はシナに戻しましょう。次に言うように「中国五千年」ではなく、「シナ二千二百年」が正しいのです。

「中国五千年」も二十世紀に誕生した

今の中国の始まりは、一九一一年十月十日に起こった辛亥革命です。このとき湖北省の武昌（今の武漢市）で、日本の陸軍士官学校で学んで帰った新式の軍隊の漢人将校たちが指揮してクーデターを起こし、軍政府を樹立して、北京の清朝に対して独立を宣言しました。このとき、独立宣言書のなかで彼らは「今年は黄帝即位紀元四六〇八年である」と宣言しました。

漢人の考え方では、時間は皇帝に所属すべきものです。清の皇帝から独立を宣言したのだから、「宣統三年」などという清の暦は使えません。かといって「西暦一九一一年」なんて言いたくありません。西暦を使うということは、自分たちはヨーロッパかアメリカの属国だということを宣言するに等しいからです。

しかし、日付のない独立宣言というのはあり得ないので、彼らは、紀元前一世紀に書かれたシナでもっとも古い歴史書、司馬遷著『史記』が、歴代の皇帝たちの始祖として描いた黄帝という神様を探し出して、黄帝紀元と称することにしたのです。

黄帝はもちろん、日本の神武天皇と同様に、実在の歴史上の帝王ではなく、神話上の存在です。しかし、これから「中国五千年」などという言い方が広まりました。

辛亥革命を起こした新式軍隊の将校たちは、みな日本留学組でした。彼らは、日本を見ならって近代化をしようとしたのです。日本が明治維新以来、紀元前六六〇年の神武天皇の即位を起源とする年号を使っていることを知っていました。だから、自分たちも同じようにすればいいと考えたのです。日本が二千五百年を超すのなら、自分たちは五千年はあるはずだ、というわけです。

「黄帝の子孫の中華民族」という言い方も、日本の「天照大神の子孫の大和民族」に対抗した概念で、二十世紀になって誕生したものです。

現在の中華人民共和国の領土の六割は少数民族自治区ですが、その土地はつまり、二十世紀までは中国ではなかった土地でした。チベット人もモンゴル人もウイグル人も、二十世紀までは漢字を使わない文化を持つ、漢人ではなく支那人でもなかった人たちでした。

ところが、中華人民共和国が人民解放軍を使って彼らの土地を侵略したあとで、チベット人もモンゴル人もウイグル人も、みな黄帝の子孫の中華民族であって、歴史の途中で、たまたま違う宗教や違う文字を取り入れたのが、ようやく祖国に復帰した、などと宣伝したのです。これは、まったく史実無視の強弁です。

この本では、では中国（シナ）の史実とは一体どういうものなのかを、わかりやすく説明したいと思います。第2章では、まず近代以前のシナ大陸の歴史を概観しましょう。

第2章

近代以前の歴史

「支那（シナ）」の語源は、チャイナと同じく、紀元前二二一年に戦国七国を統一した始皇帝の「秦」から来ています。シナ文明の特徴は、漢字と都市と皇帝にあります。本章では、黄河文明の始まりからアヘン戦争にいたるまでの、シナの歴史を概説します。

黄河文明の誕生

前章で説明したように、二十世紀まで「中国」という国はなかったのですが、戦後の日本では、紀元前の時代からずっと中国と呼んでいます。それで、私もときどきは中国を使いますが、なるべく史実にもとづいたことばで説明したいと思います。

世界四大文明の一つに数えられる黄河（こうが）文明が、東アジアの漢字文明の始まりであることは、教科書にある通りです。漢字の誕生こそが、今にいたるまで、中国や韓国や日本などの文化・文明を決定づけるできごとでした。

漢字が生まれたのは、じつは黄河中流ではなく、南の長江（ちょうこう）流域だったということが今ではわかっています。でも、漢字が発展したのは黄河流域なのです。なぜなのでしょうか。

注：ちなみに、長江を日本の教科書はむかし揚子江（ようすこう）と書いていました。揚子江というのは、長江下流の揚州

を流れるあたりの呼び名で、やってきたイギリス人が「この河の名前は何か」と聞いたときに、地元の人が「揚子江」と答えたために、世界地図にこの名前がのることになったわけです。今では全体の名前として長江と呼ぶことになっています。ところで、河を「江」と呼ぶのは南方方言で、「河」と呼ぶのは北方方言です。「川」は水が流れる様をあらわした象形文字で、溝のような小さな流れも川だし、水が真ん中を流れる川原も川なので、大陸では大河の名前としては使いません。

漢字文明が黄河中流の洛陽（らくよう）盆地で発展したのは、この地方の生産力が高かったからではなく、むしろ黄河が交通の障碍（しょうがい）だったからです。その理由について説明しましょう。

黄河の流れを地図で見ればおわかりのように、水の流れは何度も何度も角度を直角に変えながら、非常に長い距離を流れます。こんなにジグザグに流れる河は日本にはありません。水は高いところから低いところに流れるわけで、途中に高度の高い場所がいくつもあるからです。

今の中国青海省の高原に源を発する黄河は、高い山を迂回しながら、東に流れ、西に流れを変え、さらに東北に方向を転じます。甘粛省（かんしゅくしょう）の南部を横断し、寧夏回族（ねいかかいぞく）自治区でモンゴル高原に出て北流しますが、やがて内モンゴル自治区の陰山山脈にさえぎられて、その南麓を東方に流れます。古くは黄河はこのまま東に流れ、今の北京市を通って渤海湾（ぼっかいわん）に注いでいました。ところが地殻変動で太行（たいこう）山脈が隆起したために、急流となって南下するようになったのです。

山西省と陝西省の高原をわけて南下する黄河は、秦嶺山脈の北麓に衝突し、ここで渭河が流れ込んで、再び東方に向かいます。このあたりまでの黄河は、長年にわたって黄土高原を削りつづけたので、山西省と陝西省の境の両岸は断崖絶壁となり、ところによっては百七十メートルも垂直にそそり立っています。黄河と呼ばれる理由は、黄土が溶け込んで河が黄色く見えるからです。

ところが、黄河が洛陽盆地の北を過ぎるころになると、両岸は低くなり渡河に適するようになります。しばらくして開封市の北をす

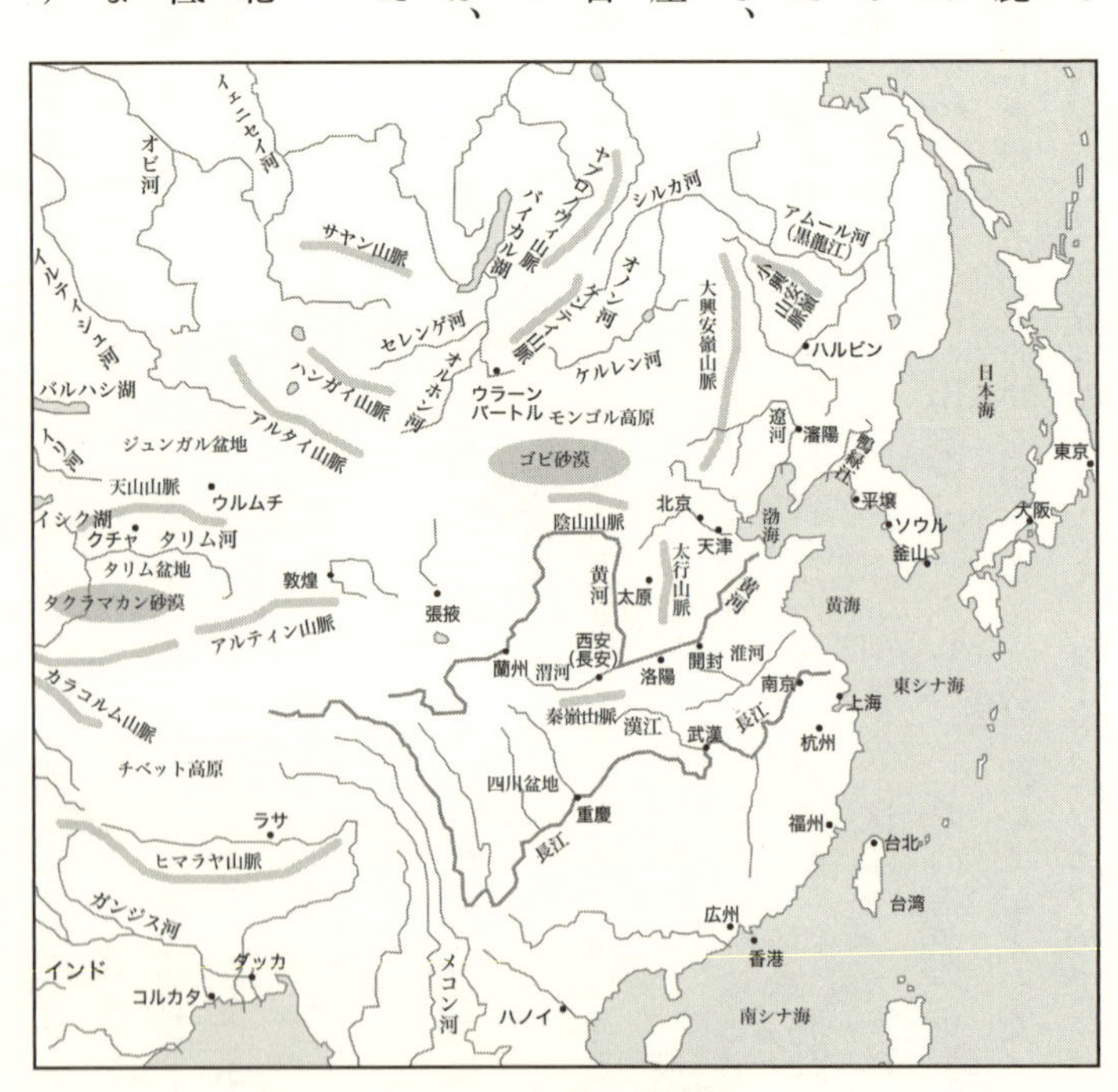

図１　中国の地形図

ぎると、一望の大平原に出ます。すると、黄河の流速は急激に落ちて、多量の土砂が河底に沈殿(ちんでん)します。河底が高くなると、氾濫(はんらん)を起こしやすくなるうえ、この一帯は海抜が低いために地下水は塩分を多くふくんで、人間の生存に適しません。治水工事がされるまえの古代には、平原にほとんど聚落(しゅうらく)はありませんでした。

つまり、洛陽盆地より西では、黄河はその両岸の険しさと急流とで、交通の障碍になるし、洛陽盆地の東方では、ひんぱんな氾濫と水路の変化によって、やはり交通の障碍になるのです。ただ、洛陽から開封にいたる二百キロメートルのあいだだけは、流速はゆるく、両岸は低く、水路は安定していて、渡河が容易でした。

洛陽盆地に黄河文明が発生したのは、この一帯でだけ黄河を渡ることができた、という理由からです。では渡河がどうして重要であるか、ということですが、黄河の北側は、東北アジア、北アジア、中央アジアへ通じる陸上交通路が集まり、南側は、東シナ海、南シナ海、インド洋への水上交通路が、ここから始まるからなのです。かつてシナ大陸の交通を「南船北馬(なんせんほくば)」と呼んだのは、このためです。つまり、洛陽盆地は異なった生活文化を持つ人々が接触するユーラシア大陸の十字路だったのです。

漢字が黄河中流域で発達したのは、漢字は表意文字だから、話しことばが違う人たちのコミュニケーション手段としてひじょうに便利だったからです。

漢人はどこから来たのか

では、黄河文明をになった漢人は、どこから来たのか、という話をしましょう。

シナでもっとも古い歴史書である、紀元前一世紀に書かれた司馬遷著『史記』では、洛陽盆地を中心とする「中華」をとりまいて、「東夷」「西戎」「南蛮」「北狄」、略して「四夷」がいたと伝えています。「夷狄」や「蛮夷」も同じ意味で、野蛮人ということです。どの字も、弓を持つ人、とか、戈を持つ人、とか、けもの偏とか、虫などの字を使っていることがおわかりでしょう。第1章で言った通り、漢字を使う自分たちは文明人で、漢字を使わない人を野蛮人と見下したので、わざと悪い意味の漢字を使ったのです。

「夷」は「低・底」と同音で、低地人の意味であり、洛陽盆地から東方の、黄河・淮河の下流域のデルタ地帯に住み、農耕と漁撈を生業とした人々を指しました。

「戎」は兵器や兵士の意味もありますが、羊毛で作られる「絨」と同じ発音で、洛陽盆地から西方の、陝西省・甘粛省南部の草原の遊牧民のことです。

「狄」は、貿易・交易の「易」、穀物購入の「糴」と同音で、行商人の意味ですが、洛陽盆地の北方、当時はまだ森林におおわれていた山西高原の狩猟民のことでした。

「蛮」は、彼らのことばで人の意味で、洛陽盆地から南方の、河南西部・陝西南部・四川東部山地の焼畑農耕民のことです。

　これらの異なった生活形態をもつ人々が接触したのが、洛陽盆地の近辺でした。表意文字である漢字は、違う言語を話していた人々の、交易のための共通語として発展したのです。

　漢文の古典には、文法上の名詞や動詞の区別はありません。同じ漢字を、あるときには名詞として、あるときには動詞として使います。接頭辞や接尾辞もなく、時称もありません。どんな順番で並べても意味はあまり違いません。発音は二の次で、目で見て理解する通信手段です。これは、商売のためのマーケット・ランゲージの特徴です。

　漢字を使えば、交易のネットワークに参加することができ、遠隔地とも通信ができます。そういうわけで、出身に関係なく、漢字を使う集

図2　中華と四夷

団が、洛陽盆地のあちらこちらに生まれました。

漢字の字体や読み方は、初めは各集団によって違っていましたが、紀元前二二一年の秦の始皇帝の統一以後、漢字一字の読み方は一つだけに決められ、それも一音節が原則となりました。

そうはいっても、出身によって発音のくせは残りますし、一音節の発音を耳で聞いても意味はわかりません。第1章で書いたように、これから一九一八年にルビが生まれるまで二千一百年以上もずっと、漢字は書いて読むコミュニケーション手段でした。二十世紀まで、話しことばとしての共通語が生まれなかったのは、このためです。

漢字のこの特徴が、シナ文明の本質の一つとなりました。つまり、日常の話しことばとどんなにかけ離れていても、漢字を学べば漢人なのです。漢人とは文化上の観念であって、人種としては蛮・夷・戎・狄の子孫です。

注：中華も四夷も文化上の観念だということは、『史記』が「四夷」がいたと伝えている地域がすべて秦（シナ）の統治下に入ったあとは、東夷は朝鮮半島と日本列島のことになり、北狄はモンゴル草原のことになり、西戎はチベット高原のことになり、南蛮はさらに南方、ボルネオなどになったことでもわかります。日本でも、文明の中心と自負してみずからを中国と呼んだ記録もありますし、江戸時代に南方からやってきたポルトガル人を、漢字がわからないからと「南蛮」と呼んだでしょう。

たくさんの漢字を学んで、これを使いこなすことができるには、かなりな知能指数を必要とします。教育にはお金も暇もかかりますから、誰でもできるわけではありません。だから、シナ大陸では、いつの時代でも、漢字を知っている一握りのエリートだけが「読書人（どくしょじん）」と呼ばれて、本当の漢人であって、シナの領域で暮らしていても、漢字を知らない労働者階級は、実際には「夷狄」あつかいを受けてきたのでした。

現在の中国でも、都市籍を持つ中国人だけが本当の中国人と見なされ、農村籍の人たちが蔑視されているのは、こういう歴史的背景があるのです。

中国史（シナ史）は大きく四つに時代区分できる

紀元前二二一年に戦国七国を統一した秦という王朝名がチャイナとシナ（支那）の語源であり、二十世紀になってシナが中国になったのですから、シナ文明つまり中国文明は、秦の始皇帝から始まります。

中国文明の本質の第一は漢字を使うこと、第二が都市に住む人間が中国人であること、第三が皇帝がいること、の三つです。始皇帝が文字通り、中国最初の皇帝です。

本章では、このあと、近代中国になるまでの中国史を駆け足で説明しますが、中国史は大きく四つに時代区分できます。

まず第一に、秦の始皇帝の統一以前は、中国とは言えません。中国以前の時代です。

第一の中国は、秦の始皇帝の統一から、五八九年の隋の再統一までの八百年間です。真ん中の一八四年に黄巾の乱が起こり、戦乱が何十年も続きます。魏・呉・蜀の三国時代になった二三〇年には、人口が十分の一以下に減少していました。つまり、秦と漢の最初の漢族はほぼ絶滅してしまったわけです。人口の少なくなった中原に北方から多数の遊牧民が流入して、このとき漢人が入れ替わります。

第二の中国は、隋の統一から、一二七六年にモンゴル人が建てた元朝に南宋が滅ぼされるまでの七百年間です。この間に、北方の契丹人の遼、女真人の金の勢力の方が南方より強くなり、最後に漢人の居住地は、モンゴルの植民地になってしまいます。

第三の中国は、一九一二年に清が滅亡するまでの六百年間です。中国全体がモンゴル化したあと、元朝を継いだ明朝は、南の漢人地帯だけしか支配できず、一六三六年に万里の長城の北側で建国した清朝になってようやく、元朝の領域はふたたび統合されましたが、漢人居住地は、またもや満洲人の植民地となりました。チベットやモンゴルや新疆に、漢人は行くことはできませんでした。

第四の中国は、辛亥革命後です。日清戦争で日本に敗れたあと、日本をまねて近代化を始めたので、日本化の時代と言えます。日本にやってきた清国留学生が、日本語の教科書などを大量に国に持ち帰って近代化教育を始めたので、現代中国語の七割は、明治時代に日本人が欧米の文献を翻訳するために新たに作った日本語の語彙からできています。また、第1章で述べたように、日本のひらがなやカタカナをまねて、一九一八年に初めて漢字のルビも誕生しました。

秦の始皇帝の統一

黄河中流の渓谷の洛陽盆地に誕生した都市文明は、交易路に沿って植民都市を作り、漢字を使った商業ネットワークを周辺地域に拡大していきました。この商業ネットワークを統一したのが、秦の始皇帝です。

始皇帝こそが、今にいたる中国（シナ）文明を創りだした偉大な君主です。彼が行なった政策は、次のようなものです。

一、初めて「皇帝」（光り輝く天の神という意味）という称号を採用しました。

二、新たな暦を採用しました。

三、それまで「国」と呼ばれていた各地の都市を皇帝直轄の「県」とし、遠方の県を統括する「郡」を全国に三十六置きました。県も郡も都市のことですが、その郊外も含みます。
四、度量衡と車の軌道と文字を統一しました。
五、公認の漢字三千三百を定め、読み方は一字一音節と決めました。始皇帝が定めた漢字が今でも印鑑などに使われている篆字です。
六、民間の書物を没収して焼きました。「焚書」と言います。
七、天下の富豪十二万戸を首都の咸陽に移住させました。
これらをもう少し詳しく説明しますと、三の「県」は「懸」と同音で、首都に直結するという意味です。県には首都から派遣された軍隊が駐屯して、首都からやってきた商人と、周辺地域の夷狄の間の交易活動を保護しました。「郡」は「軍」と同音で、常設の駐屯軍を意味します。

もともと古代シナの都市国家の王は、市場の組合長から発展したものでした。洛陽盆地に首都を建てた「蛮」「夷」「戎」「狄」出身の諸国は、首都から北へ南へと貿易路をのばし、要所要所に新しい都市を建設して、移民団を送り込みました。これが「封建」で、「封」は「方」「邦」と同音同義で、方面、地方の意味です。

封建された植民都市はいわば支社であって、はるか遠方に広がった交易のネットワークが効率よく機能して業績をあげるために、首都の王たちは、「巡狩」といって、ひんぱんに現地をたずねました。支社である植民都市の方は「朝貢」を行なって、首都の朝礼に出席し、贈り物

「封建制」とは、首都から遠くて監督の行き届かない都市を、王子や功臣たちに封邑として与えて統治させたことで、彼らを「諸侯」と呼び、その地位は世襲でした。これに対して始皇帝は、数十の都市をまとめて監督する軍司令官を派遣しましたが、世襲でなくて任命でした。これが「郡県制」と呼ばれるものです。

四の度量衡と車の軌道と文字の統一は、ひじょうに重要なものでした。なぜなら、それまで戦国七国では、たとえば各国で一升の量が違い、秤（はかり）の重さも違っていました。通貨が違うようなものです。車の軌道の幅が違うとどうなるかというと、道路についた車の轍（わだち）のあとが自分の車の幅と違うために、となりの国に行って車を走らせると傾いてひっくりかえってしまうのです。鉄道のゲージと同じです。これらはすべて自国の安全保障のためでした。

文字も七国ですべて違っていたのを、秦の文字だけ残して、あとの書物を焼かせました。これを「焚書」と言いますが、これをしなくては統一は無理だったでしょう。「坑儒（こうじゅ）」（儒者を生き埋めにしたこと）は反逆者を処罰した別の事件なのに、のちの時代になって儒者たちが始皇帝を非難するために、「焚書坑儒」と一緒にして悪口に使ったのです。

漢の武帝と司馬遷

さて、漢字を使う都市国家群からなる地帯をせっかく統一した秦も、二世皇帝で滅びて、そのあと、秦の一族とはまったく血のつながらない劉邦が漢という王朝を建てました。漢代の初期にはまだあちらこちらに復活した王国が残っていたので、これを「郡国制」と呼びます。つまり、皇帝の直轄地とそうでない都市が混じっていたのです。

紀元前一五四年に起こった「呉・楚七国の乱」を平定して、ようやく漢の皇帝の権力が安定しました。そのあと武帝が即位し、漢の絶頂期に入ります。この武帝に仕えた司馬遷が著した『史記』が、シナ初めての歴史書です。

『史記』では、歴史の始まりには黄帝がおり、そのあと、堯・舜まで五帝がいたと書きますが、五帝は神様で、実在の人物ではありません。

司馬遷が『史記』で言いたかったのは、皇帝が「天下」（世界）を統治する権限は、「天命」（最高神の命令）によって与えられている、ということで、自分の仕える武帝が、いかに正統の君主であるか、ということだったのです。

天命が、歴史の始まりの黄帝から、どのように漢の武帝にまでつながったかを言うために、司馬遷は、五帝のあと、天下は夏、殷（自称は商）、周、の王朝が支配し、春秋時代を経て戦国七国を秦が統一したと書きましたが、夏も殷も周も、実際には都市国家が少し大きくなっただけで、統一を果たしていません。

実際には前述したように、秦の統一前は黄河中流の洛陽盆地を取り囲んで「東夷・西戎・南蛮・北狄」が攻防を繰り返していました。その中でも夏は東夷出身、殷は北狄出身、周も秦も西戎出身の王朝であることが、『史記』に書かれた始祖説話などからわかるのです。つまり、漢人とは、これらの諸種族が混じって形成された都市の住民のことで、漢字でコミュニケーションを取り、戸籍に登録され、町の防衛も担当するようになった人たちが、漢人と呼ばれたのです。

『史記』がシナ文明の最初の歴史書だったため、これ以後、どの時代の天下にも、天命を受けた天子がかならず一人いて、その天子だけが天下を統治する権利を持っている、という「正統」の思想が、シナ文明の歴史観の根本になりました。

漢の版図拡大

紀元前一四一年、武帝が十六歳で即位したころ、漢はようやく平和になりたいへん豊かになりましたが、四方の貿易路はことごとく塞がれた状態でした。血気盛んな武帝は、東は朝鮮王国を滅ぼして日本列島への通路を確保し、北はモンゴル草原の遊牧帝国匈奴を追い払って西方へのシルクロードを通じ、南は南越を滅ぼして南シナ海、インド洋への南洋貿易航路を開き、西は今の四川省から雲南省、東チベットを通じてインドへ至るルートをおさえました。

こうして漢の版図は拡大しましたが、武帝の五十四年の治世の間に、ぜいたくと戦争のせいで国力は消耗し、人口は半減したと言います。シナ文明の特徴の一つは、人口の大規模な変動です。

武帝の死後、四方にのびた貿易ルートは縮小し、このあと儒教が他の教団の思想や知識を吸収、総合して、新たに未来の予見を可能とする一種の科学として成長します。その結果、熱心な儒教徒だった漢の帝室の外戚・王莽が帝位をのっとって、漢は紀元八年にいったん滅亡する破目になりました。

その直前の紀元二年、シナ史上最初の人口統計が記録にあらわれます。『漢書』「地理志」に「口、五九五九万四九七八」とありますが、このあと一千年以上、この約六千万人というレベルに達する人口はあらわれません。

新を建てた王莽は、儒教の理論を過信したために政策をことごとく失敗し、紀元一七年に全国的な反乱が起こりました。長安が反乱軍の手に落ち、王莽が敗死するまでの十年間に、戦乱と飢餓のために人口は半減し、後漢の光武帝によって再統一される三七年までにさらに半減したと言われていますから、約一千五百万人になったことになります。

どうしてこんなに人口が激減するかというと、シナ大陸は平地が広がっているから、干ばつが来たら、となりもそのとなりも干ばつになるからです。日本列島は土地の起伏が多く、海にもぐれば食べ物がありますし、山に行けば何か取れます。山を越せば違う気候の土地に出るので、こちら側に干ばつがあっても、あちら側にはないかもしれません。日本史には餓死の記録はたいへん少ないのです。

大陸で戦争になると、農民も兵隊に取られたり、土地から逃げたりするので、次の年の作物の植え付けができなくなり、餓死者が多く出ます。そうすると耕す人がいなくなって、作物が作れなくなりますから、ますます食物がなくなります。何十年も戦乱が続くと、こうして次々に悪循環に陥り、人口が激減するのです。

後漢時代になって、ふたたび年二パーセントの人口増加があり、人口は五千万人台まで回復しました。一〇五年には紙も発明され、漢字が普及するようになります。儒教が国教化され、首都の洛陽の「太学」(大学)で学ぶ者の数も三万人を超えるようになりました。一七五年には、新たに公定して統一した教科書(経書)のテキストを、石碑に彫って太学の門外に立てました。これを「石経」と言います。

文字によるコミュニケーションに無縁であった階層にも、漢字が普及していった結果、宗教秘密結社が発生し発達します。それが次の時代の幕開けになりました。

『三国志』の時代

宗教秘密結社は、兵役で農村からかりだされ、都市生活をはじめて味わって、除隊してからも帰るべき家、耕すべき田畑を持たない兵士上がりの貧民のあいだの相互扶助組織として発生しました。戦友同士の団結による生存をはかるこれらの人々は、軍隊において最小限度の文字の使用にも慣れていたと思われます。彼らは全国いたるところの都市にアジトを持ち、会員であることを証明するなんらかの暗号や文書さえ持っていれば、見ず知らずの土地でも宿泊や食事が無料ででき、仕事を見つける世話を受けることもできました。会員は深夜に集まって自分たちの神さまを祀り、武技の訓練を一緒に行ないました。

後漢末の紀元一八四年、宗教秘密結社の太平道が反乱を起こしました。信徒が黄色いはちまきを巻いて目印としたので「黄巾の乱」と言います。これがシナ史上はじめての宗教秘密結社の乱です。紙が発明されていたから、いっせいに蜂起することができたのです。

「蒼天はすでに死せり。黄天まさに立つべし。歳は甲子に在り。天下は大吉ならん」をスローガンとし、古い世界は終わり、新しい世界が始まったとして全国にわたって反乱を起こしましたが、数年のうちに鎮圧されました。

しかし、黄巾の乱は時代を変革する大事件でした。その証拠に、明代のお芝居『三国志演義』は黄巾の乱から始まります。なぜなら、反乱自体は、訓練や装備のゆきとどいた後漢の政府軍の敵ではありませんでしたが、その人員を吸収した政府軍の司令官たちが、このあと内戦をくりひろげ、首都の洛陽は荒廃し、後漢の中央政府が事実上、消滅したからです。これが『三国志』の舞台です。

黄巾の乱から五十年を経た二三〇年代には、漢代に最大六千万人にものぼった人口が、十分の一以下の四百五十万人になってしまっていました。事実上、漢族の絶滅です。

華北を支配した魏が二百五十万人、長江中流から下流の地方だけを支配した呉が百五十万人、四川盆地を支配した蜀が百万人ほどと、人口があまりにも少なくなってしまったため、三国の争いはなかなか決着がつかず、最大の魏ですら、狭い範囲を限って、生き残った漢人をそのなかに移住させました。

こうして真空となったシナの周辺地帯に、人口の不足をおぎなうために、北方から五胡と呼ばれる遊牧民や狩猟民が移住してきました。やがて、内地に定着した諸種族の軍閥たちによる五胡十六国の乱が起こり、その中から、北のモンゴル草原から来た鮮卑族の北魏が華北を統一します。五八九年には、北朝の隋が南朝の陳を滅ぼしてシナを統一するのですが、隋も唐も、支配層は鮮卑族出身でした。

つまり、隋の統一から始まる第二のシナでは、北から入った鮮卑族が新しい漢人になったのです。この頃は、遊牧民も狩猟民もまだ文字を持っていませんでしたから、さまざまな種族はみな漢字を学んで、それを共通のコミュニケーション手段として使うようになったのです。シナ文明を特徴づける、漢字と皇帝と都市は継承されましたが、人間はすっかり入れ替わったのでした。

隋・唐の再統一

日本が遣隋使や遣唐使を送ったので、私たちにも馴染みのある隋と唐が世界帝国と呼ばれるわけは、支配層がもともと北狄と呼ばれた狩猟民や遊牧民出身だったせいで、北のモンゴル草原だけでなく、中央アジアからもたくさんの人たちがやってきたからです。

隋も唐も帝室の祖先は北魏の将軍でした。はじめは鮮卑語らしい名前が漢字で音訳されていますが、そのうち漢人風の姓名を名のるようになります。これを「野蛮な遊牧民が高度な中国文明に圧倒されて、進んで中国文明に同化された」と中国人は説明しますが、当時の華北は荒れ果てて、文明らしいものはどこにも残っていませんでした。

それならなぜ遊牧民が漢化したのかというと、五世紀当時の東アジアでは文字は漢字しかなかったこと、部族によって話しことばが違っていたから目で見て意味のわかる漢字がコミュニケーションに適していたこと、どの部族にとっても母語ではない漢字を公用語に採用するのが公平でよかったこと、そして伝統を継承してシナの地に君臨するためでした。

隋の二代目皇帝の煬帝は、漢の武帝に匹敵するような積極性をもって大事業を展開しました。その一つが大運河の開鑿です。杭州から開封に通じる運河を開いたことで長江と黄河が結ばれ、江南の物資を長安（西安）に直接運べるようになったのです。

しかし煬帝は、高句麗征伐に何度も失敗して家来たちの信頼を失い、インド洋からペルシア人やアラビア人が来て栄えていた南方の揚州を気に入って北に戻らなかったために、故郷が恋しくなったお供の鮮卑人たちの反乱で殺されてしまいます。

その部下のなかから唐が建国できたのは、モンゴル草原の突厥（トルコ）人君主の支援があったからです。

唐は九〇七年まで二百八十九年間続きました。唐の律令制や均田制を遣唐使が学んで日本に持ち帰ったので、日本人は唐を大帝国だと考えて尊敬してきましたが、三百年近く同じような帝国が続いたと考えるのは大きな誤りです。

そもそも均田制や府兵制を全国一律に敷いたわけではありません。府兵制というのは、徴兵制の一種ですが、軍を出すと決めた州からだけ男子を徴兵するもので、そのほとんどが北シナにありました。つまり、五胡十六国時代に遊牧民が入植した場所から、税金の代わりに徴兵したのです。均田制も、新たに開発した土地は公平に分けられましたが、もとからあった農地には施行できませんでした。これが荘園になります。

しかも、三代目皇帝の高宗の妻の則天武后は、夫の死後、正式に皇帝に即位して国号も周と変えます。このとき唐の皇族たちは多く殺されて、府兵制は骨抜きになりました。

武后の息子の中宗になって国号は周から唐にもどり、中宗の甥にあたる玄宗時代の前半は盛唐時代と呼ばれますが、後半には、ソグド人とトルコ人の混血の安禄山と史思明の乱（安史の乱）が起こり、長安も陥落して九年も反乱が続きました。これからあとは皇帝は名ばかりで、節度使という、漢人出身ではない地方軍閥があちらこちらで割拠する時代が二百年も続いたのです。

節度使とはなにかというと、唐の初期からすでに、府兵制が敷かれた州からの逃亡者が続出し、もっと辺境の、漢字も使わない異民族から兵士を徴発せざるを得なくなりました。これらの軍隊はそのまま現地に駐留して軍鎮となり、兵士は職業軍人になって府兵制は廃止されます。軍鎮を統括する最高司令官が節度使と呼ばれたのです。

科挙と官僚組織

隋・唐時代の漢人は、北アジアから入ってきた人たちに入れ替わったと言いました。どうしてそれがわかるかというと、漢字の音が変わったからです。

漢字にはルビがないのに、なぜ音が変わったとわかるかというと、後漢時代に始まった仏教の経典の翻訳では、たとえばサンスクリット語のbrahma（清浄）は漢字で「梵」と音訳されました。これで「梵」をbramと読んだことがわかります。

ところが、隋が天下を統一した直後の六〇一年、陸法言（りくほうげん）という鮮卑人が編纂した『切韻（せついん）』という字典では、語頭の二重子音はすっかりなくなり、Rで始まる音もLに変わっています。これも、外国語をどのような漢字で音訳したかなどの研究によります。

北アジアのアルタイ系言語（トルコ語、モンゴル語、トゥングース語）では、語頭に二重子音はありませんし、語頭のRは発音できません。たとえば「ロシア」と言えなくて「オロス」と言うようにです。だから、秦・漢の漢人はほとんどいなくなり、隋・唐の漢人は、北アジアの遊牧民や狩猟民出身者に置き換わったことがわかるのです。

科挙（かきょ）制度は隋が始めました。これは言ってみれば漢字の読み方の試験で、一九〇五年まで、一千三百年以上続きました。漢字を間違えずに発音できるか、どれだけ古典を暗記しているかを試すテストなのです。

漢字の読み方は、秦の始皇帝によって一字につき一つの音読み、しかも一音節と決められましたが、もとの漢族が激減したので、漢字の知識が絶えそうになりました。混乱が収束した隋になって、それまでいろいろな流派の学者が口伝えで伝えてきた読み方を整理したのが『切韻』という字典です。相変わらずルビはないので、同じ読み方をする漢字をグループ分けして、語頭が同じとか語尾が同じ漢字を分類したものですが、これにもとづいて科挙の試験が始まりました。

科挙の試験では、丸暗記した儒教の教典の語彙を使って散文を書き、『切韻』のとおりに韻を踏んだ詩を作ってみせます。こうして、漢字によるコミュニケーションが完全にできる人間が官僚になり、皇帝の手足となって全国を統治したのです。

官僚のトップクラスは皇帝の秘書になり、皇帝が出す勅令の作成をしましたが、残りの大多数は地方の県知事になって赴任しました。地方官は中央政府から給料をもらうわけではなく請負制で、一定の税を中央に送金すれば、あとは自分の収入とすることができました。

皇帝の支配は宦官（かんがん）を通しても行なわれました。宦官は後宮の女性の世話をすることばかりが有名ですが、その実体は軍隊組織で、皇帝を守る近衛兵（このえへい）を指揮したのも宦官の将校です。

シナは中央集権なので、すべての決裁が皇帝に集まります。皇帝は磁器や絹織物の工場も経営し、金貸しもしていました。各地の税関からあがる商品にかけられた間接税も皇帝のものです。父系制社会のなかで生殖機能を失った宦官は戸籍もないので、皇帝の業務を分担する、皇帝の身体の延長として機能したのです。

契丹と女真と宋

隋と唐の帝室自体が北からやってきた鮮卑（せんぴ）人でしたが、この時代にはモンゴル草原には突厥（とっけつ）（トルコ）帝国のあと、同じくトルコ系遊牧民のウイグルが七四四年に建国し、安史（あんし）の乱では唐の帝室を支援するために長安にまで軍を送りました。東北方面では契丹（きったん）（キタイ）という半農半牧の人々が大きな勢力をもつようになり、やはりトルコ系の沙陀（さだ）は、黄巣（こうそう）の乱に介入して山西高原を支配しました。

九〇七年についに唐が滅びて五代十国時代が始まります。この十国の皇帝たちは、名前はみんな漢字で書かれていますが、トルコ系など北族出身の人が多く、最後に統一を果たした北宋も、太祖・趙匡胤（ちょうきょういん）は、唐代にはソグド人やトルコ人や契丹人が多く住んでいた今の北京市のすぐ南の出身ですから、やはり北族出身だと思われるのです。しかし、シナ史では宋は漢人の王朝とされます。だから、漢人自体が入れ替わったわけです。

唐代の突厥第二帝国の時代に、遊牧民も自分たちの文字を持つようになりました。古代トルコ文字もウイグル文字も、地中海沿岸のシリア文字のアルファベットを起源とする表音文字です。

宋代には、北方の契丹人や女真（ジュシェン）人も、漢字ではない自分たちの文字を持つようになりました。話しことばも漢語でないことが明らかです。これに対して、宋の漢人は、もともとは古くに南下した北族の後裔だと思われますが、漢字だけを使ったから漢人になったのです。

このころから今の北京の重要性が高まります。契丹は遼という国号も持ちますが、沙陀族を支援した代わりに、北京や大同を含む燕雲十六州の割譲を受けて領土にします。契丹は北方が本拠地でしたので、北京を南京（南の都）と名づけて、漢人を統治する中心としました。

契丹を滅ぼして金を建国した女真族は、のちに満洲と呼ばれる土地の狩猟民出身でした。契丹はモンゴル草原にまで進出しましたが、女真族は草原には興味がなく、その代わりに農地を支配するために南下しました。北京は金の領土のちょうど真ん中に位置したので、中都と呼ばれて、淮河以北の征服地の中心となりました。

契丹と南北朝になった時代の宋を北宋、金と南北朝になった時代の宋を南宋と呼びます。

宋代は、シナ史では、産業や商業が発展し貨幣の流通も盛んになり、絵や書などの文化が一般にも普及した繁栄した王朝と考えられていますが、軍事的には契丹や女真にまったく歯が立ちませんでした。この時代に「自分たちが正統の中華だ、漢人だ」と言い出して、新しく北方に興(おこ)った遊牧帝国を、成り上がりの夷狄(いてき)とさげすんだのです。これが中華思想の始まりです。

北宋の宰相だった司馬光(しばこう)が編纂した『資治通鑑(しじつがん)』は、司馬遷(しばせん)以来の思想である、天下に天命が下った皇帝は一人しか存在しない、という主張にもとづき、三国時代のあとの南朝が正統だとして、鮮卑族の北魏の皇帝を「魏主」としか書きません。南朝の陳が滅亡する前年まで、隋の文帝を「隋主」と書きますが、五八九年に正統が南から北へと飛び移り、陳の皇帝は「陳主」になり、隋の文帝が「皇帝」になるのです。

つまり、司馬光は、北宋と対立する契丹帝国をかつての北朝になぞらえて、どんなに軍事力が強くても、どんなに広大な地域を支配しても、夷狄は文化を持たない人間以下の存在で、中華だけが本当の人間である、契丹の皇帝は正統ではない、と遠まわしに主張したのです。

中華思想とは、負け惜しみの気持ちから生まれたと言っていいかもしれません。

モンゴル帝国の建国

契丹は、万里の長城以北の遼河を故郷とする半農半牧の民で、今のモンゴル人の祖先の一つでもあります。九一六年、耶律阿保機（遼の太祖）が大契丹国皇帝の位に登ると、モンゴル草原に親征してケレイト部族を撃破し、オルホン河畔のウイグル時代の都市オルドバリクにまで達しました。このあとモンゴル草原の遊牧民は契丹の家来になります。

一〇〇四年には、契丹はウイグル時代の可敦（カトン、君主夫人という意味）城を修復して、ここに鎮州建安軍という軍事基地を置き、ケレイト統治の中心地としました。

町ができたので西方から商人がやってきて、ネストリウス派のキリスト教も伝わりました。チンギス・ハーンのもと主君だったケレイト王は、代々キリスト教徒として有名です。

一方、契丹の本拠地では、一一一五年、その支配下にあった女真の完顔部族の阿骨打が大金皇帝の位に登ると、金軍はたちまち契丹領を占領し、契丹皇帝は金軍に捕らえられて契丹は滅びます。契丹の皇族の耶律大石は、西方の領地であるモンゴル草原に逃げて、鎮州可敦城で遊牧民から王に推戴されますが、そのあと中央アジアに遠征し、そこに西遼（カラ・キタイ）を建てました。

金は、南方では華北の平原を占領して淮河（わいが）の線まで達しましたが、北方ではゴビ砂漠の南までしか領土にしませんでした。今のモンゴル国の領土にいた遊牧民たちは、契丹時代とは違い、金の直接の支配下には入りませんでした。

その中から、モンゴル部族の英雄チンギス・ハーンが登場します。テムジンが本名ですが、もとの主君であったケレイト王オン・ハーンも滅ぼして、一二〇六年、モンゴル草原の全遊牧部族の代表者を集めた大会議を開き、そこでハーン（君主）に推戴されました。このときシャマン（巫）のお告げにより、チンギス・ハーンという称号を採用します。これがモンゴル帝国の建国です。

チンギス・ハーン率いるモンゴル軍は、東方では金を討ち、西方では中央アジアに遠征しました。チンギス・ハーン自身は、南の西夏（せいか）王国を攻撃している最中の一二二七年に他界しましたが、息子たちや将軍たちはその遺志をついで攻撃と拡大をつづけ、東は日本海沿岸から西はロシア草原までが、モンゴル帝国の領土となったのです。

しかし、モンゴル帝国は元朝（げん）ではありません。チンギス・ハーンの孫のフビライは、一二六〇年にモンゴル帝国第五代ハーンに即位したあと、一二七一年に「大元（だいげん）」という漢式の国号を採用しました。そのあとフビライは、王朝の祖である祖父チンギス・ハーンに太祖（たいそ）という廟号（びょうごう）を贈り、これを祀（まつ）ったので、中国ではチンギス・ハーンを「元の太祖」と呼びます。しかし、チンギス・ハーンの時代に元朝はありませんし、彼は中国人ではありません。元が建国されたときには、中央アジアも西アジアもロシアも、チンギス・ハーンの他の子孫によって統治されていました。

元の時代

一二七六年、元が南宋を滅ぼし、北はモンゴル草原のカラコルムから、南は南シナ海にいたる広大な東アジアが、北京を中心とする政治・経済組織に組みこまれてから、一八九五年、清が日本に敗れて、中国（シナ）伝統の文化を放棄し、日本型の近代化にふみきるまでが、中国史（シナ史）の第三期です。この約六百年間を、一六四四年に満洲族の清朝が北から山海関を越えて北京に遷都した事件をもって、前期と後期に区分します。

元朝になって、北アジアとシナが一つの文明圏に統合されました。言い換えれば、シナ皇帝たるもの、華と夷の両方に君臨すべきものと、意味が変わったのです。

モンゴル人が建てた元朝は、それまでのシナ王朝とは非常に違っています。世祖フビライに始まる歴代皇帝にとって、本拠地はあくまでモンゴル草原で、北京に新たに建設した大都は、冬の避寒キャンプ地にすぎませんでした。元朝皇帝は、冬の三カ月間だけ大都で暮らし、夏の三カ月間はモンゴル草原の上都の近郊にテントを張り、春と秋は家来を引き連れ、大都と上都の間の草原を宮殿ごと移動して暮らしました。

大都は物資の補給基地であり、漢人を統治する行政センターだったのです。

元の最高機関である中書省という役所は、原則として元朝皇帝の直轄領を治める機関で、他の皇族の所領については、不在の領主にかわって差配し、あとで徴税の分け前を届けるという役目を果たしました。つまり、征服戦争に参加した皇族や将軍たちは、あとあとまで税金の分け前を分配してもらっていたのです。

大都に置かれた中書省は、ゴビ砂漠以南のモンゴル草原と、華北の山東・山西・河北を管轄しました。これ以外の地方には、中書省から出向した行中書省（略して行省）を置いて、その地方の住民を管理しました。この行省が、今の中国の省の起源です。

それまでシナ大陸は、皇帝が派遣する県知事が治める都市を中心とした行政区分に分かれていました。しかし、代官を置いて税金を取るモンゴル人にとって、このような行政区分は細かすぎて不便だったので、地方を大きく区切ったのです。

元代の漢人は、金の支配下にあった華北の定住民のことで、宋代の漢人の他に、契丹人、女真人、渤海人、高麗人も含み、一二三六年の統計では百十一万戸、五百万人ほどです。

元は、南宋を滅ぼして全シナの支配を始めたあと、南宋の遺民を「南人」とか「蛮子」と呼びました。かつて中華が南の野蛮人を「南蛮」と呼んだことから来た名前です。モンゴル人自身が漢字に詳しかったわけではありませんから、先にモンゴルの支配下に入った北方の漢人たちが、自分たちこそが漢人で、南宋の住民は南蛮だと言ったのでしょう。

この時代の特徴は、シナの人口の増加、華南の開発、もっとも重要なことは、シナ本土と東アジアの他の部分との政治・経済的統合の進行と完成です。元代の人口は『元史』の「地理志」によれば、一二九〇年には五千八百八十万人を超えています。

人口増加の大部分は、この時代に急速に開発が進んだ江西(こうせい)、福建(ふっけん)、広東(カントン)などの各省において起こりました。元代には、江西省はフビライの皇太子チンキムの直轄領となり、山西省、陝西(せんせい)省方面のフビライの私領から、大量の移民が江西省に入植して、開発が急激に進みました。山西方言を話す客家(ハッカ)族が南下し、江西省に姿をあらわすのはこの頃からです。福建省は、唐末になって北方からの入植者が増加し、この時代になって漢化がほぼ完成しますが、文化の基層は依然としてタイ系でした。

元と高麗の関係

ここで、モンゴル帝国と朝鮮半島の関係について触れておきたいと思います。当時の朝鮮半島には高麗王国がありましたが、モンゴル軍は、一二三一年から五九年の間に、計六回高麗へ侵入しました。高麗王と家臣たちは、都を開京（開城）から江華島に移し、民衆に対しては山城や海島への待避を命じました。高麗王には実権がなく、日本の鎌倉時代と同じ武人政権だったと言いますが、高麗軍はモンゴル軍と戦わずに、モンゴル軍が渡れない海の向こうに逃げこんだのです。怒ったモンゴル軍は、この間に何十万人という高麗人を捕虜として連れ去り、遼河デルタに入植させて、農耕に従事させせました。ハングルがまだない時代ですので、これら高麗人は、明代には漢人と見なされるようになります。

武人政権が一二五八年のクーデターで倒れたので、翌年、高麗の太子（のちの元宗）がモンゴルに使者として出かけて、即位する直前のフビライと会見し降伏しました。フビライは喜んで、元宗の息子の忠烈王と自分の娘を結婚させ、その間に忠宣王が生まれました。これからあと代々の高麗王はモンゴルの皇女と結婚し、元朝皇帝の側近としてモンゴル風の宮廷生活を送ったあと、祖国に戻って王に即位したのです。つまり、高麗王の母はすべてモンゴル人になったので、モンゴルの血がどんどん濃くなっていきました。

一二七〇年、武人の残党のなかの三別抄という部隊が、モンゴルおよびモンゴルに屈した元宗に対して江華島で反乱を起こしました。三別抄は舟に分乗して江華島を離れ、半島西南端の珍島を根拠地にして、全羅道・慶尚道に勢力を広げ、耽羅（済州島）を占領しました。モンゴルと高麗政府の連合軍は、一二七三年にようやくこの乱を鎮定し、その結果、済州島はモンゴルの直轄領となります。モンゴル馬が済州島に持ち込まれ、日本侵攻の根拠地となりました。今の済州馬はつまり、モンゴル馬なのです。

日本への蒙古襲来は、このあとの一二七四年に文永の役、一二八一年に弘安の役と、二度あります。一度目は契丹軍や女真軍からなる元の征東軍一万五千人と高麗軍八千人が、六千七百人の高麗人水手が漕ぐ高麗が建造した兵船九百艘に分乗してやってきました。二度目も、高麗から出た東路軍は、元軍一万五千人と高麗軍一万人が、一万七千人の高麗人水手が漕ぐ九百艘の船に分乗して、まず壱岐と対馬に上陸し、その地の日本人を虐殺しました。ところが、挟み撃ちをする予定の江南軍が一カ月も遅れた上、博多の浜には石塁が築かれて上陸できなかったので、壱岐と対馬に戻って待っていました。

元が滅ぼした南宋からの軍隊は、漢字では蛮子軍と書かれます。南蛮という意味です。その十万人が三千五百艘の船に分乗してようやく平戸に到着し合流したところに台風が来て、船同士がぶつかってほとんどが沈んでしまったというわけです。二度とも、高麗から来た軍隊の副司令官は、鴨緑江の北に連れて行かれた高麗人の二世の洪茶丘でした。

この二つの蒙古襲来を「元寇」と言うようになるのは、明治時代になってからです。「寇」という漢字は日本語ではありません。朝鮮や清から「倭寇」の被害についてさんざん文句を言われた日本が、その前にそちらから来たのではないか、と言い返したのです。

元から明に代わったとき、モンゴルの血を引く高麗王は、北方に退却したモンゴルを助けるために満洲に軍を派遣するよう、部下に命じました。ところが、高麗軍の副司令官だった李成桂は、命令を拒否して鴨緑江のほとりから王都開城に軍を戻し、王を廃位したのです。李成桂は、元末に咸鏡南道で高麗軍に降伏した女真人の息子でした。

李成桂は、四年後の一三九二年、みずから高麗国王の位につき、明の洪武帝にこのことを報告しました。洪武帝が「国号はどうするのか」と言ってきたので、高麗のほうでは、「朝鮮」と「和寧」の二つの候補を出したところ、和寧はモンゴル帝国の本拠地カラコルムの別名だったので、明の洪武帝は「朝鮮」を選んだのです。これが、それから五百年間続く李氏朝鮮の始まりです。

明の時代

遊牧民は原則として均分相続をします。だからあんなに大きなモンゴル帝国も分裂し、それぞれの継承国家も相続争いで弱体化しました。元朝も例外ではなく、帝室の継承争いのせいで、家来の騎馬軍団の戦力が低下したのに乗じて、宗教秘密結社の白蓮教徒が組織する紅巾の乱が

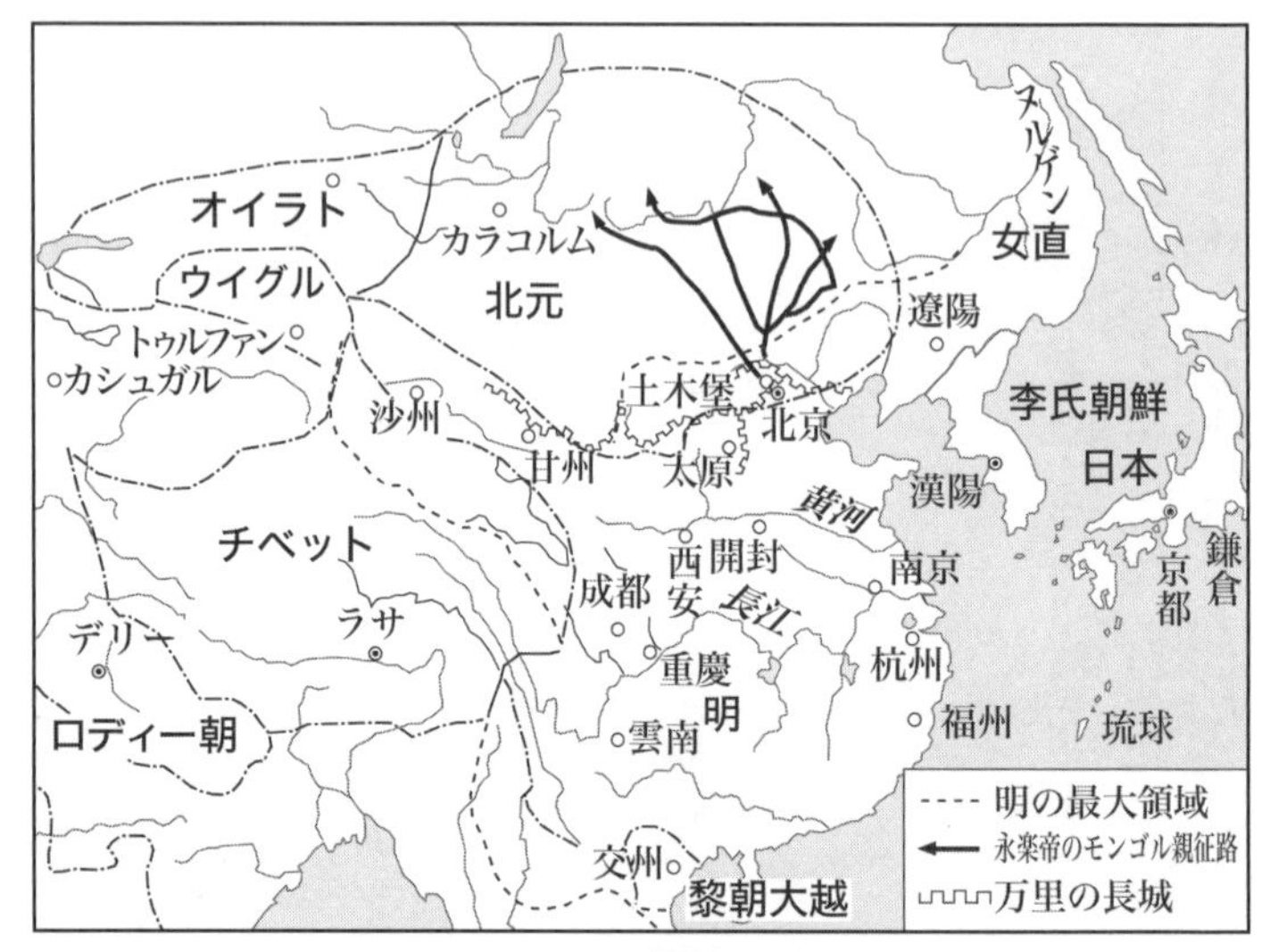

図３　明の領域と北元

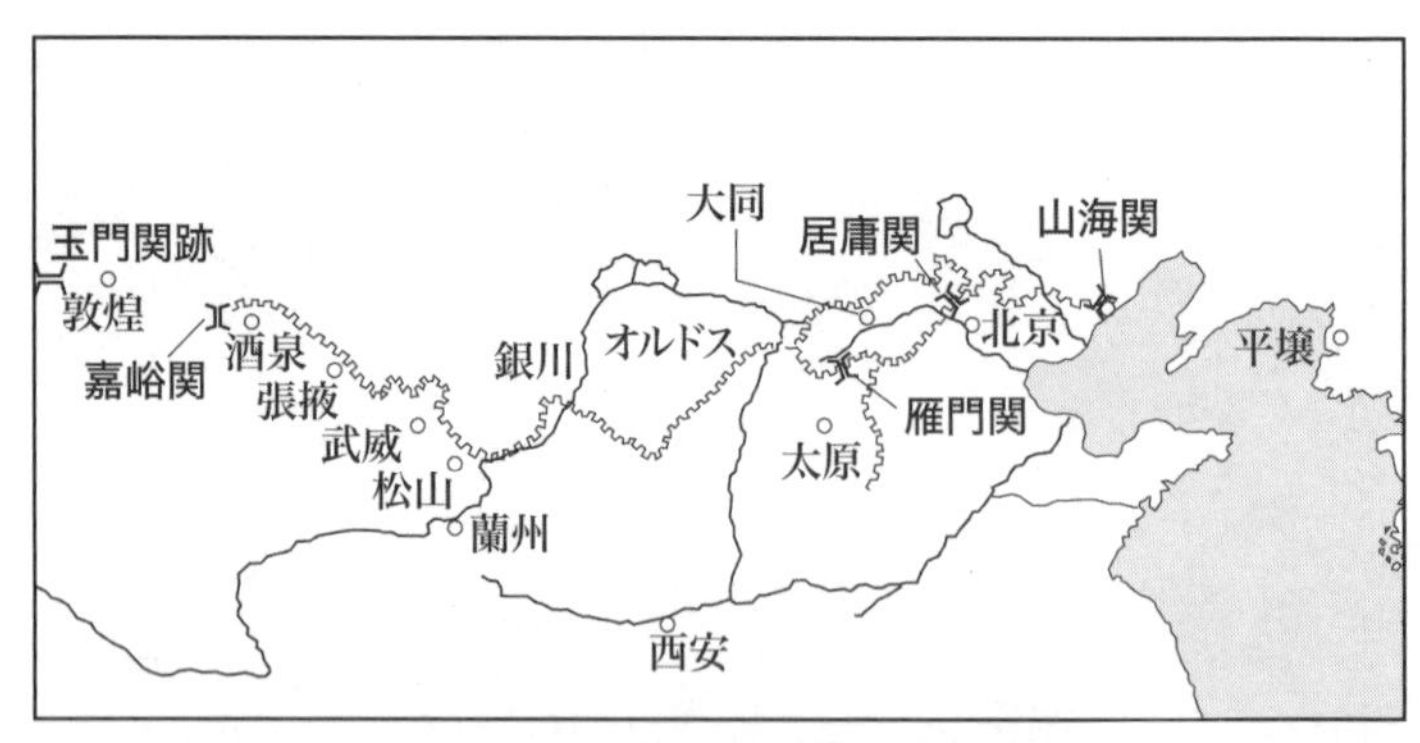

図４　明代に修復された万里の長城

南方のシナ各地で勃発しました。

紅巾軍は、山東・山西・陝西の三手に分かれて進撃してきました。山西に向かった一軍は大同盆地を通ってモンゴル草原に入り、上都の宮殿を焼いたあと満洲に入り、遼陽を占領したあと鴨緑江を渡って朝鮮半島の平壌を陥れました。紅巾軍は一度は高麗軍によって鴨緑江外に撃退されましたが、一三六一年にはふたたび侵入して、高麗の王都の開城を陥れました。

一三六八年、紅巾軍の首領の一人朱元璋が南京で大明皇帝の位につき（太祖洪武帝）、大都に進撃してくると、元朝皇帝は大都を捨て、モンゴル草原に退却しました。中国史では元朝はここで滅びたことになりますが、元朝皇帝はモンゴル草原の上都に逃れ、その死後は、高麗貴族の皇后が生んだ皇太子が帝位を継いで皇帝となりました。モンゴル人にとっては植民地のシナを失っただけで元朝が続いていた証拠に、十五世紀にふたたび連合したときの君主は、ダヤン（大元）・ハーンと言います。それで、モンゴル史家はこれを北元と呼ぶのです。

明はその後、永楽帝のときに五回もモンゴル草原に遠征しましたが、ついにモンゴル人を支配できず、かえって十五世紀初めから十六世紀末まで、ずっと万里の長城を修築し続けて、その内側に閉じこもりました。シナの正統史観では、明は元から天命を受け継いだ王朝でなくてはなりません。それで、明の記録では、モンゴル高原の遊牧民を「蒙古（モンゴル）」と呼ばずに「韃靼（タタル）」と呼び替えて、彼らが元朝の後裔であることを、ことばの上だけ否認したのです。

それでも明の制度は、遊牧民が支配者だった元朝の制度をさまざまに引き継いでいます。明では人民を「軍戸」と「民戸」に分けて別々の戸籍に登録し、軍戸に指定された家柄は代々軍人を出すことになりました。これを「衛所制度」と呼びます。

民戸で「県」と呼ばれる都市は、軍戸では「衛」です。衛の定員は兵士五千六百人、司令官は「指揮」と呼ばれます。一つの衛の下には五つの千戸所が置かれ、定員はそれぞれ兵士千百二十人、その指揮官は「千戸（千人隊長）」です。一つの千戸所の下には十の百戸所が置かれ、定員は兵士百十二人、その指揮官は「百戸（百人隊長）」、その下に下士官として「総旗（五十人隊長）」二人、「小旗（十人隊長）」十人を任命します。これはモンゴルの軍事制度と同じです。

民戸が構成する県のほうも、百戸所に相当する「里」が置かれ、一つの里の定員は百十戸、その総代が「里長」で、その下には十個の甲を置き、それぞれの甲の総代が「甲首」、一つの甲の定員は十戸でした。これが「里甲制度」です。

このように軍戸と民戸を分けて別々の編成にするのは、モンゴル帝国の、遊牧民と定住民の二重組織そのままです。

明は最初南京を首都としましたが、今の北京を本拠地とする燕王が甥に対して反乱を起こし、一四〇二年に南京を攻め落として皇帝に即位した（成祖（太宗）永楽帝）あと、一四二〇年に北京を正式に首都としました。北京（北の都）という名前はこのときに始まるのですし、南方方言でペキンと発音するのも、そのためです。

明は元の正統の後継者であることを誇りましたが、その領土はまったく元朝にはおよびませんでした。首都である北京のすぐ北方に万里の長城を築いたということは、その北側は遊牧民の住地だと認めたということです。実際に北方の遊牧民に何度も首都を包囲され、土木の変では皇帝自身が捕虜になっています。南方の海から来る「倭寇」とあわせて、これを「北虜南倭」と言いました。

万里の長城の南のシナは明朝になりましたが、北に元朝が残ったという意味において、またもや南北朝だったのです。

清の勃興

明の永楽帝は、モンゴル草原への遠征は失敗しましたが、東方の女真人の懐柔には成功しました。永楽帝は来朝した女真人の首長たちに、都督、指揮、千戸、百戸、鎮撫などの称号を与え、それぞれの部族を衛や所にしました。女真に置いた衛所は、本土の直属の軍隊とは違い、「羈縻衛所」と言います。「羈縻」とは、馬や牛をつなぐ口綱のことで、夷狄（野蛮人）をてなづけるという意味です。

永楽帝の時代には、はるか遠く黒龍江下流の住民までやってきましたが、永楽帝が死ぬとまもなく、満洲における明の国防の最前線は、遼東のもっとも北にある開原と、モンゴル草原の入口にあたる瀋陽になりました。西方で万里の長城を修築した明は、遼西と遼東を囲むように、山海関に始まる辺牆を築きました。その内側が明ということです。元代にこの地に入植した高麗人は、こうして漢人と見なされることになりました。

明は懐柔した女真人を三つに分類し、建州女直、海西女直、野人女直と呼びました。「女直」という漢字は、遼、金、元、明の史料に出てくる写し方で、「女真」は宋と朝鮮の史料に出てくる漢字です。女真語（のちの満洲語）ではジュシェンと言い、モンゴル語ではジュルチトです。日本の教科書は「女真」で統一していますが、明の史料には「女真」は出てこないので、「建州女真」は誤りなのです。

建州女直は、元末には松花江流域にいたのが、このころには朝鮮東北境から今の吉林省東部にかけて住み、このあとさらに西に移動して、鴨緑江支流の佟佳江流域から渾河の上流に住みました。この人たちが清朝の皇室の祖先です。

女真人社会は主人と奴隷の二種類からなっていました。主人は狩猟と交易と戦争を担当し、奴隷は畑を耕し、豚の世話をしました。主人が女真人で、奴隷が高麗人という場合も多く、奴隷といっても、同じ屋敷に住み、主人と同じ釜のご飯を食べました。

狩猟は、シベリアのタイガ（密林）でテン・キツネ・リス・ミンクを捕り、長白山（ちょうはくざん）の原始林の中で朝鮮人参・キクラゲ・キノコ・松の実・淡水産の真珠を集めることで、一家の主人はこれを交易に行くのが仕事でした。

はじめ明とのおもな交易品は馬でしたが、そのうち毛皮が流行（はや）り、クロテンの毛皮がたいへん儲（もう）かる商品になりました。上等のクロテンは黒龍

図5　明代の満洲

江流域やシベリアでしか捕れません。女真人は、原産地から明にいたる長い交易ルートをおさえ、富を蓄えていきました。

死後に清の太祖と諡されるヌルハチは、明が建州女直に置いた三衛の一つに生まれました。ヌルハチは、二十五歳のとき祖父と父を明軍に殺され、わずか百名ほどの兵で自立したあと、明の遼東総兵官李成梁の庇護を受けて勢力をのばし、五年で建州三衛を統一しました。これが「マンジュ（満洲）・グルン（国）」です。

このマンジュ国はまだ、明から見れば羈縻衛所でした。ヌルハチは明に朝貢して恭順な態度をとったので、一五八九年には都督僉事に任命され、九五年には龍虎将軍という称号を明からもらっています。ヌルハチはその後、海西女直を統合して一六一六年にヘトアラ（興京）で即位しました。これが後金国の建国です。

一六一八年、ヌルハチはいよいよ明と国交断絶し、撫順を攻撃しました。翌一六一九年の「サルフの戦い」は天下分け目の戦いで、ヌルハチはこれに大勝利をおさめます。一六二一年には明の辺牆を越えて瀋陽と遼陽を攻略し、またたくうちに遼東半島の先端まで、遼河以東の地を占領しました。遼東平野に進出したヌルハチは、漢人の所有地を取り上げて女真人に与え、服属した漢人には、女真の風習だった辮髪（頭のてっぺんを剃り、残った髪を後ろで三つ編みする）を強制しました。これで敵か味方かすぐにわかります。

ヌルハチは都を遼陽にうつし、その東北方に東京城を築きましたが、一六二五年には瀋陽に遷都しました。このあと瀋陽は「ムクデン・ホトン（盛京）」と呼ばれて国都となります。

一六二六年にヌルハチが死ぬと、あとを継いだ八男のホンタイジは、翌年朝鮮に侵入し、国都のソウルにせまりました。朝鮮王は江華島に避難したすえに屈服し、ホンタイジを兄、朝鮮国王を弟とする和議を結びました。

さて西方のモンゴルは、ダヤン・ハーンの統一のあと、彼の子孫がみな部族長となって同盟を結ぶ部族連合でした。宗主のチャハル部族長リンダン・ハーンは、新興の女真に対抗して強引にモンゴル諸部族の統合をはかりましたが、彼の強権を嫌うモンゴル諸部のなかで、チンギス・ハーンの弟の子孫のホルチン部はいち早くヌルハチと同盟します。ホンタイジが熱河に進出すると、リンダン・ハーンは大軍を率いて西方に移動し、他のモンゴル諸部を占領したり併合したりしてチベットへ遠征する途中、天然痘で死んでしまいました。

翌一六三五年、リンダン・ハーンの遺児エジェイは、母とともにホンタイジに降伏し、「制誥之寶」と刻んだ元朝の玉璽をホンタイジに差し出しました。このときホンタイジは、チンギス・ハーンが受けた世界征服の天命が自分に回ってきたと解釈し、ジュシェン（女真）という種族名を禁止して、マンジュ（満洲）と呼ぶことに決めたのです。

注：女真語では、ジュシェンは属民という意味があったから、支配者として君臨するのにふさわしくないと考えたからです。日本の概説書で、「マンジュ」の起源が、文殊菩薩（もんじゅぼさつ）の原語の「マンジュシュリー」であるとしているものがありますが、この説は誤りです。マンジュ人が十七世紀以降にチベット仏教の信者になるずっと前の十五世紀に、マンジュという固有名詞があったからです。建州女直の長に李満住（リマンジュ）という人がおり、一四六七年に朝鮮軍のために斬殺されたことがわかっています。マンジュの意味ははっきりしませんが、トゥングース系の言葉に違いありません。ただし、あとになって清朝の統治下に入ったチベットのダライ・ラマ政権が、「マンジュというからには、清朝皇帝は文殊菩薩の化身である」とお上手を言い、仏教徒であるモンゴル人やチベット人を統治下に入れた乾隆帝は、このチベットの追従（ついしょう）をおおいに利用し、みずから文殊菩薩の格好をして肖像画を書かせたりしたので、俗説が広まったのでしょう。

一六三六年、ホンタイジは、瀋陽にマンジュ人、ゴビ砂漠の南のモンゴル人、遼河デルタの高麗系漢人の代表たちの大会議を召集して、三つの種族の共通の皇帝に選挙され、新しい国号を大清と定めました。「大清（だいしん）」は、モンゴル人の建てた王朝名「大元」と同じく、「天」を意味します。ホンタイジが清の太宗で、これが清朝の建国です。

明が滅び清がシナ本土を支配する

当時の朝鮮は明の朝貢国で、夷狄出身のホンタイジを皇帝に推戴することを断乎として拒否したので、大清皇帝となったホンタイジは、ただちに朝鮮に大軍を率いて侵入し、ソウルをおとしました。地方に逃げる余裕もなく南漢山城にたてこもった朝鮮王は、翌一六三七年正月、城を出て清に投降しました。これ以後、朝鮮は明と断交し、清の朝貢国となります。

清の太宗ホンタイジの五人の皇后は全員モンゴル人でした。一六四三年ホンタイジが死ぬと、モンゴル人皇后から生まれたフリンがあとを継ぎます。これが清の世祖順治帝です。

そのころ、万里の長城の南の明では、各地で反乱が勃発していました。とくに遊牧民に対する辺境防衛の最前線だった陝西省では、国家が経営する通信交通運輸システムである駅站の人夫も多かったのですが、軍隊の給料が三十カ月分も遅配になったり、駅站が減らされて失業者が多く出て、盗賊になる者が増えました。そこに大飢饉がおこり、飢民があふれました。これらの人々が、生きていくために集団を組んで、流賊となったのです。

明は清との戦争によって毎年軍事費がかさむ一方で、さらに流賊の討伐のために経費が必要になり、全国に地租の付加税をかけました。増税につぐ増税のため、暴動は全国に広がり、流賊は、陝西、山西から、河南、河北、湖北、四川の各地に拡大していきました。

陝西出身の流賊の一人李自成(りじせい)は、各地を転戦したあと陝西にもどり、西安を占領してここで大順(だいじゅん)という国を建て、一六四四年に北京に攻めてきました。明の最後の皇帝、崇禎(すうてい)帝は、紫禁城の裏手の万歳山(ばんざいさん)でみずから頸(くび)をくくって死にました。

そのとき、山海関で満洲人に対する防衛にあたっていた明の将軍呉三桂(ごさんけい)は、救援にかけつける途中で北京陥落の知らせを聞き、ひき返して、今まで敵だった満洲人に援助を求めたのです。

当時、清の順治帝はまだ七歳で、ヌルハチの十四男ドルゴンが摂政となって政治の実権をにぎっていました。ドルゴンは、ただちに呉三桂の提案を受け入れ、清の全軍をあげて、山海関に進撃しました。

北京を占領していた李自成は自分の兵を率いて山海関に押しよせましたが、呉三桂軍と清軍の連合軍に大敗しました。李自成は北京に逃げ帰り、紫禁城の宮殿で即位して皇帝を名乗っておいてから、宮殿に火を放ち、掠奪した金銀を荷車に満載して、北京を脱出し、西安に向かいました。清軍は、今度は北方のモンゴル草原を通って陝西に南下したので、李自成は西安からも逃げ、流賊に逆戻りしたあげく、一六四五年に、湖北の山中で、農民の自警団に殺されました。

ドルゴンは兵を率いて北京に入城し、瀋陽から順治帝を迎えてきて、紫禁城の玉座につけました。こうして、清の建国から八年たった一六四四年に明が滅び、清のシナ支配が始まったのです。

一六四四年、清朝は都を瀋陽から北京に移し、順治帝が北京の紫禁城にうつると、満洲人もぞくぞくと山海関を越えてシナに進出しました。これを入関（にゅうかん）と言います。

満洲人は、それまで北京に住んでいた漢人を外城に追い出し、紫禁城をとりまく北京の内城を八つの区画に仕切って、それぞれ「八旗」ごとに家族と一緒に住みました。

「胡同（フートン）」は、フビライが築いた大都時代のモンゴル語で路地を意味する「グドゥム」が語

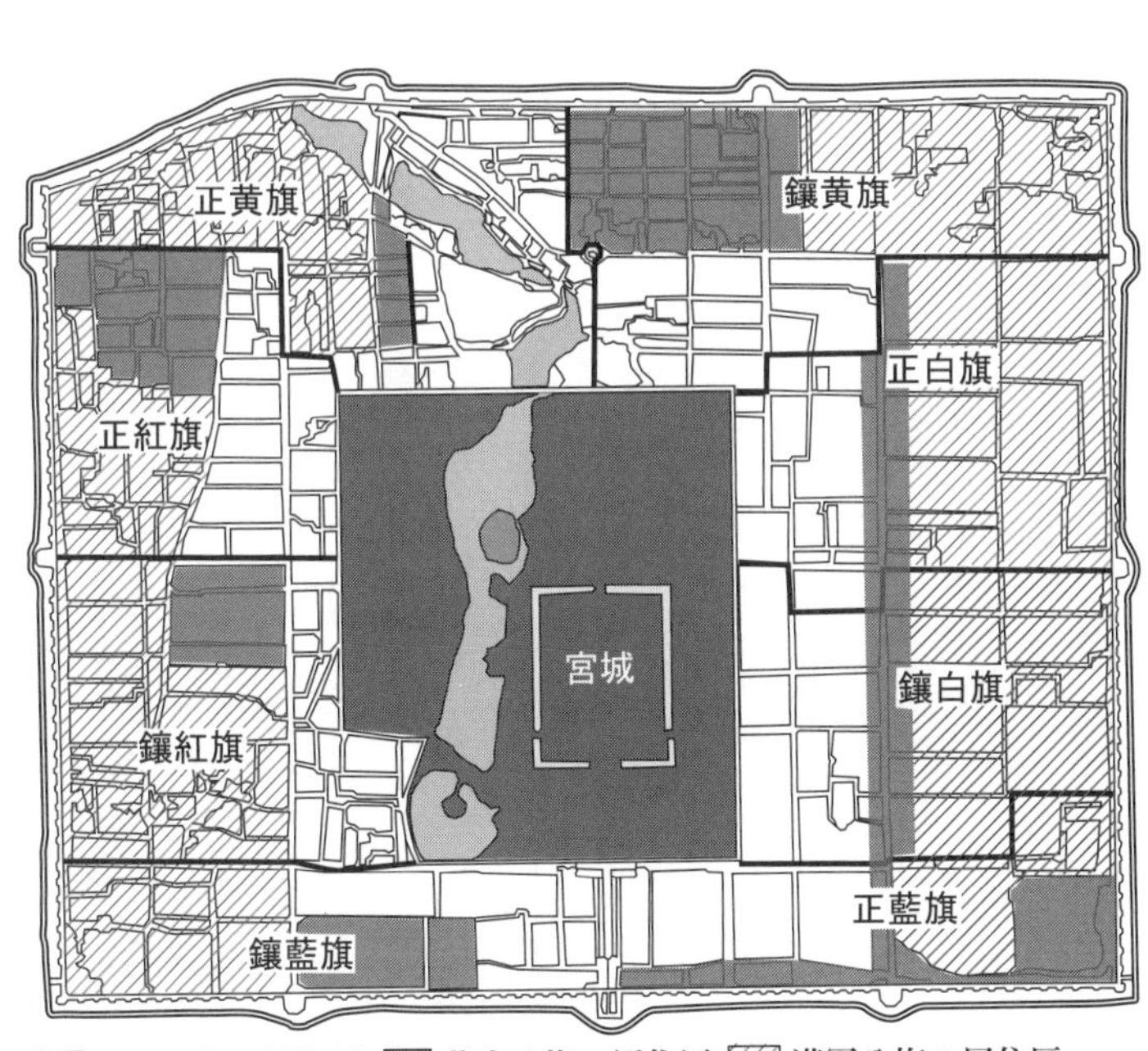

図6　北京の内城

源ですが、この古い市街地すべてが清代には八旗の居住区だったのです。

首都防衛を任務とする満洲人を「禁旅八旗（きんりょはっき）」と言います。日本の江戸幕府でいうなら「旗本（はたもと）」です。その他の満洲人は、北京の周辺をはじめ、南京、西安、成都などシナ各省の要地に配置されました。これを「駐防八旗（ちゅうぼうはっき）」と言います。

ここで「八旗」の説明をしなければなりません。ヌルハチは女真人を統合する過程で、三百人を一ニル（矢という意味）とする組織に編成しました。五ニルが一ジャラン（節）、五ジャランが一グサです。つまり一グサは七千五百人の兵士からなります。この「グサ」は、明が与えた「衛」とおおむね対応していました。「グサ」という満洲語を「旗」という漢字で書くようになります。

グサは、ヌルハチが最初に建州女直を統一したときは四つで、旗の色を黄色、白色、紅色、藍色に分けて区別していましたが、ヌルハチが後金国ハンの位につくころには、部族がふえて八つになっていました。これが「八旗」です。旗の色は四つのまま、ふちどりのないものを正、あるものを鑲（じょう）をつけて呼ぶことになりました。つまり、満洲人は全員が八旗のどれかに所属しているので、旗人とも呼ばれます。八旗は軍事制度であるとともに行政制度でもあったのです。（口絵参照）

後金国あらため清朝の第二代皇帝ホンタイジは、モンゴルの領主から離れて来帰したモンゴル人や、高麗系漢人を、「蒙古八旗」や「漢軍八旗」に編成し、本来のものを「満洲八旗」と呼びました。八旗に所属するモンゴル人や漢人は、満洲人と同じく「旗人」と呼ばれ、出身に関係なく、清朝一代の間、行政上は満洲人としてあつかわれました。朝鮮人やロシア人のなかにも、八旗に組み込まれて満洲人となった人々がいました。

チャイナドレスのことを、現代中国語では「旗袍（チーパオ）（旗人の服）」と言います。これは、支配階級の満洲人の衣服であったものを、一九一二年に清朝が滅びたあと、一般の中国人がまねをして取り入れたデザインだからなのです。

第3章

アヘン戦争の衝撃

本章では、中国の近代の始まりとされるアヘン戦争はどのようにして起きたのか、清朝はそれに対してどう対処したのかを詳しく見ていきます。当時の大国とされた清がアヘン戦争に簡単に負けたのはなぜか、それが清だけでなく日本に与えた衝撃と影響について述べます。

清朝とはどのような国家だったのか

清朝の最盛期は、万里の長城を南に越えてシナ支配を始めた順治帝の息子の康熙帝、その息子の雍正帝、その息子の乾隆帝の三代の治世です。

康熙帝は一六八三年、台湾を征服し、一六八九年のネルチンスク条約でロシア人をアムール河から閉め出しました。その前年の一六八八年、西モンゴル（オイラト）のジューンガルに攻められた北モンゴル・ハルハ部族の人々は、同族のいるゴビ砂漠の南に逃げてきました。一六九一年、フビライが建てた上都の跡地ドローン・ノールでハルハ部族の領主たちから臣従の誓いを立てられた康熙帝は、一六九六年、ゴビ砂漠の北のモンゴル高原に親征し、ジューンガル部族長ガルダン・ハーンを破りました。

こうして今のモンゴル国の東半分を支配下に入れた清朝は、キャフタでもロシアと接することになりました。一七二七年に清朝とロシアの間で結ばれたキャフタ条約は、モンゴル方面の国境を定めたほか、北京貿易、キャフタ交易場の設立、越境・逃亡事件の処理などについても詳細な規定が盛り込まれています。ネルチンスク条約も清とロシアの間で国境線を決めた条約ですから、じつは清朝はこのときすでに国境の知識を持ち、ロシアとは対等な国家同士としてつき合うようになっていたのです。

ふつう清朝は伝統的な中華王朝で、国境の観念もなく、自分たちが文明の中心にあるという華夷秩序を堅持していた、それで、イギリスを初めとする西洋諸国ですら朝貢国扱いをしたので、問題が生じた、というように説明されます。それは一方においては正しいのです。けれども、ロシアとの外交は、満洲語とロシア語とラテン語とモンゴル語でしか条約文が書かれることはなかったので、伝統的な漢語社会からロシアとの対等外交は隠されました。清朝は公用語も三つあり、単純な中華王朝ではなかったのです。

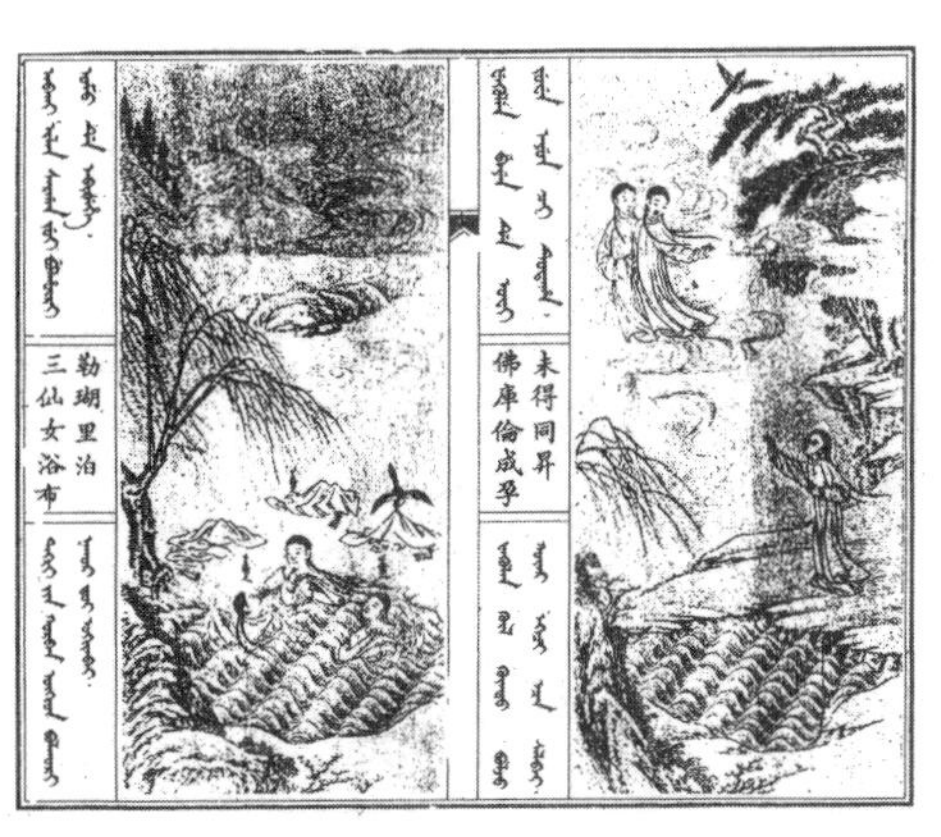

図7　『満洲実録』満洲語、漢語、モンゴル語の三つの公用語で書かれた清朝の建国神話

チベットや新疆(しんきょう)が清朝の領土になったのも、モンゴル系遊牧民の国家ジューンガルとの関係からです。この頃モンゴル人はみんなチベット仏教徒になっていましたが、モンゴル人同士で本山であるチベットの主導権の取り合いをしました。康熙帝は一七二〇年にジューンガル軍をチベットから追い出し、ダライ・ラマ政権を保護下に入れました。

今の新疆ウイグル自治区全域を支配し、カザフ草原からシベリアにまで勢力をおよぼしていたモンゴル最後の遊牧帝国ジューンガルは、最終的には誰が君主の位を継ぐかで一族の間で争って分裂し、乾隆帝は一七五五年、おのおの二万五千の満洲軍とモンゴル軍をイリに派遣してこれを滅ぼしま

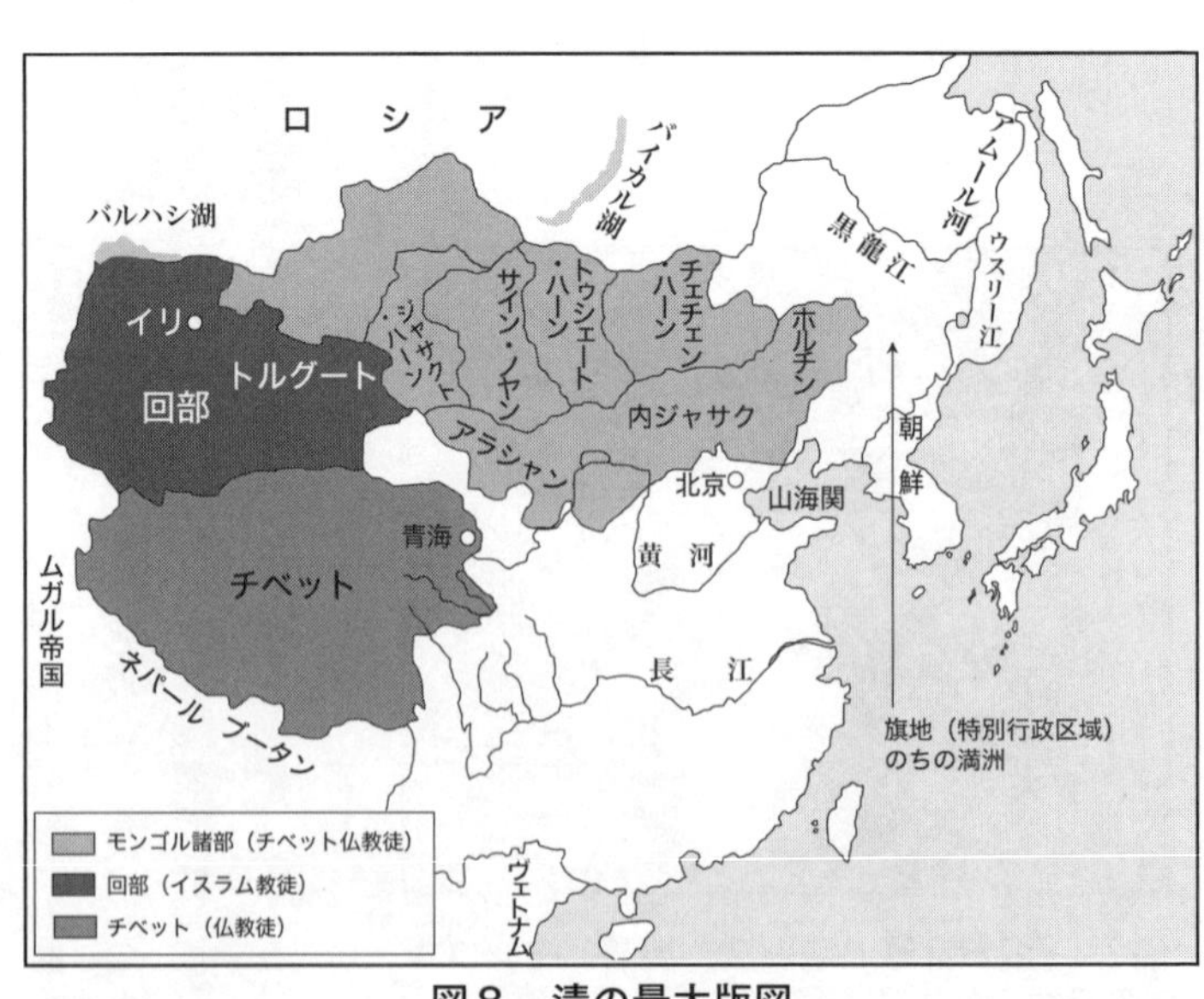

図８　清の最大版図

した。ジューンガルの支配下にあったタリム盆地のオアシス諸都市は一七五九年に清朝に降り、こうして清の版図は最大になりました。

しかし、この時代はまだ国民国家以前です。清朝皇帝は、漢人にとっては伝統的な皇帝でしたが、満洲人にとっては部族長会議の議長であり、モンゴル人にとってはチンギス・ハーン以来の大ハーンであり、チベット人にとっては仏教の最高施主であり、東トルキスタンのイスラム教徒にとっては保護者でした。大清帝国の本質は、五大種族の同君連合国家だったのです。

清朝時代には、明の旧領だけが中国（シナ）で、満洲は旗人の土地、つまり「旗地」と呼ばれて、満洲人将軍が治める特別行政区域でした。モンゴル、今の青海省・四川省西部を含めたチベット、回部と呼ばれた新疆は、清朝時代には「藩部」と言いました。藩部に対しては清朝は種族自治を原則としており、種族ごとに現地で使用される言語も法律も違いました。モンゴルには縦書きのモンゴル文字があり、チベットにはインドの文字を借りて八世紀にできたチベット文字とチベット語がありました。回部はアラビア文字を使ってトルコ系のことばを書いていました。

このようなゆるやかな同君連合国家だったからこそ、清朝はあのような広大な領域を、二百六十年間も統治することができたのです。

清朝の斜陽の始まり

第2章で、シナ最初の人口統計は、『漢書(かんじょ)』「地理志(ちりし)」の「口(こう)、五九五九万四九七八」だと言いました。この六千万人という数字は、このあと、戦乱と飢餓のために、減少することこそあれ、一千年以上、このレベルに回復することはありませんでした。明代になってようやく六千万人の水準を上下するようになりましたが、十七世紀に清朝の統治下で社会が安定するとともに、シナの人口は急激な勢いで増加し始めます。

十八世紀の初め、康熙帝時代の末に一億の線を突破したようで、一七二六年には二億、一七九〇年には三億と増え続け、乾隆帝を継いだ嘉慶(かけい)帝の次の道光(どうこう)帝時代の一八三四年には四億に達しました。ちょうどアヘン戦争の直前です。

清朝時代の急激な人口増加の原因は、一四九二年のコロンブスのアメリカ大陸発見にあります。十六世紀以降、アメリカ大陸起源の農作物が旧大陸に続々と渡来しました。トマト、トウガラシ、アヴォカド、カボチャ、ピーマン、ナンキンマメ、トウモロコシ、ジャガイモ、サツマイモ、タバコなどです。これらのうち、トウモロコシ、ジャガイモ、サツマイモは、新しいカロリー源として漢人農民によって盛んに栽培されるようになり、それによって多くの人々が飢え死にしなくてすむようになりました。

十八世紀からの人口の急激な増加は世界中で共通の現象ですが、シナ大陸ではことに深刻で、これが華僑(かきょう)の海外進出の一つの原因になりました。とにかくこの人口過剰現象は、清朝中期になって、シナのこれ以上の成長が不可能になると同時に起こったのです。

華南を開発し尽くしたあと人口がさらに増え、もはや耕すべき土地がなくなった結果、十八世紀から東南アジアへの華僑の移住が始まりました。最初に進出したのは福建(ふっけん)人で、それに潮州(ちょうしゅう)人、海南(かいなん)人、客家(ハッカ)人、広東(カントン)人が続き、この時代の末には移住先も東南アジアから、オーストラリア、オセアニア、アメリカ、西インド諸島などにまで拡がりました。

乾隆帝のとき大清帝国の領土が最大になったと先に言いましたが、経済力もその頂点に達しました。ということは、これからは下降線をたどるということです。

建国以来、皇帝たちはみんな勤勉で有能だったし、官僚と軍隊を兼ねた八旗(はっき)が、国家に忠誠を誓って統治の上でも軍事の面でも真面目に働いたので、史上まれなる繁栄を築いた大清帝国が、乾隆時代の後半から斜陽が始まる理由の一つは、康熙帝以来の懸案だった中央アジアのジューンガル帝国を滅ぼして、気が緩んだからに違いありません。

モンゴル系遊牧民の最後の帝国だったジューンガルは、北モンゴルやチベットや青海や新疆をめぐる、清朝の最大のライバルでした。一七五五年にイリのジューンガル帝国が滅び、ジューンガルの支配下にあったタリム盆地のオアシス諸都市も一七五九年に清朝に降ると、安心してしまった清朝は、ロシアに対する情報収集の熱意も急速に低下します。

それまではロシアをジューンガルに接近させないために、清朝はさまざまな工作をしました。康熙帝時代の一七〇八年には、北京に「内閣俄羅斯（ロシア）文館」が開設され、ロシア語翻訳者の養成が本格的に始まりましたし、ロシア領シベリアを通過して、ヴォルガ河畔に住むジューンガルの同族のトルグート部族に使節団を派遣もしました。雍正帝時代には、モスクワとサンクトペテルブルグに二度も使節団が派遣されています。

ところが、ジューンガルが滅びたあとは、清朝はロシア側の内情を積極的に探ろうとはしなくなりました。内閣俄羅斯文館も、看板だけは十九世紀まで存続するものの、次第に名前だけの存在になり、ついに翻訳の実務家を生み出すことはありませんでした。

ロシア側が、ネルチンスク条約からあと、一貫して清朝の情報を精力的に収集し続けたのとは対照的です。これが、十九世紀後半になって、アムール河以北や沿海州をロシアに奪われる原因となっていくのです。

イギリス最初の清朝使節マカートニー

時代を少し戻して、イギリスと清朝の関係を最初から見ていきましょう。イギリスのアジア貿易を独占していた東インド会社の貿易船が、毛織物の販売を目的に清朝に来港するのは十七世紀後半のことです。ところが清には絹も綿もありましたし、暖かい土地が多いので毛織物はほとんど売れませんでした。一方、イギリスはこのあと、清朝からお茶を輸入するようになります。

お茶は、まずイギリスの上流階級の間で、カリブ海から運ばれた砂糖を入れて飲まれるようになり、やがて庶民の間にも普及しました。こうしてイギリスは毎年、大量の茶を清から輸入することになります。それでイギリス政府は、清朝と条約を締結して茶貿易を安定させるために、ジョージ・マカートニーを首席全権とする訪問使節団（総勢九十五名）を清に派遣してきました。

ところが、清朝にとってはイギリスも貿易を求める朝貢国にすぎませんでしたから、マカートニー使節団は、清朝からは朝貢使節として扱われました。

朝貢とは何かというと、シナに君臨する皇帝が文明の中心であり、これを宗主と仰ぐ周辺の国や部族が、定期的に朝貢使節を派遣し、朝貢品を献納するというものです。これに対してシナ皇帝は、朝貢品をはるかにうわまわる値打ちのある絹織物などを、朝貢してきた国の君主に「回賜（お返し）」として下賜します。

これは、第2章で述べた、シナ文明最初の歴史書である司馬遷著『史記』の世界観にもとづいています。つまり、文明の中心である中華を取り巻いて、東夷・西戎・南蛮・北狄と呼ばれる野蛮人がいるというもので、これを現代では「華夷秩序」とも呼びます。

清朝では、藩部の王公たちはもちろん朝貢にやってきましたし、朝鮮や琉球（沖縄）やベトナムやビルマの王たちも朝貢に来ました。冊封というのは、それぞれの君主がシナ皇帝に臣従して、自分が統治する権利を皇帝から承認してもらうということです。けれども、まだ国民国家以前の時代ですので、王が冊封を受けて朝貢にやってきたからといって、それらの地域すべてが清の属国であったわけではありません。今の中国はこれを自分の都合のいいように解釈して、使節がやってきた地域はすべて昔から中国の領土だったと言いますが、友好使節を派遣しただけで、支配されていたわけではありません。

朝貢使節は皇帝に謁見する際、三回ひざまずいて、その都度、三回（合計九回）頭を床につけるという、皇帝に対してのみ行なう「三跪九叩頭の礼」という最敬礼をしなければなりません。マカートニー使節団で一番問題になったのは、避暑のため熱河の離宮に滞在中の乾隆帝に謁見する際には、この礼をすることになると告げられたことでした。

イギリス側は三跪九叩礼を拒否し、あくまでも実施を求める清朝側とのやりとりが続いたあと、結局、乾隆帝が度量の広さを示し、イギリス流の片ひざをつくお辞儀での謁見が一七九三年九月十四日に行なわれました。

けれども、通商を求めるイギリス使節の要望は、何一つ実現しませんでした。乾隆帝は、天朝は「地大物博（ちだいぶつはく）」、つまり「清の土地は広く物産は豊かで、外国産のものに頼って補う必要などない」と返答したのです。「清朝が産する茶、磁器、生糸が、そちらの国の必需品だから、恩恵を加えて、マカオに洋行（外国人が経営する貿易商社）を開設して日用品を援助することを認めているのに、天朝の意に対して無理解も甚だしい」と、対等な貿易関係を求めるイギリス側の要望は、まったく受け付けませんでした。

なお、イギリスが一八一六年に清朝に派遣した第二回目のアマースト使節団も、三跪九叩礼を拒否しました。当時の皇帝であった嘉慶（かけい）帝があくまで三跪九叩礼の実行を要求した結果、アマースト使節団は皇帝謁見も果たせず、この使節団派遣はまったく失敗に終わりました。

カントン体制

マカートニーが清朝にやってきた当時、ヨーロッパとの貿易が許されていたのはカントン一港でした。台湾に拠った反清勢力の鄭成功(ていせいこう)の子孫が清に降伏したあと、一六八五年から、清朝は海外との貿易に関して、広東(カントン)、福建(ふっけん)、浙江(せっこう)、江南(こうなん)の四つの省に海関を置いて関税を取っていましたが、一七五七(乾隆二十二)年以来、ヨーロッパ船との貿易は、広州に置かれた広東海関に限定されました。それで、清朝側の言い方ならば広州ですが、イギリス人はそこをカントン(Canton)と呼んだのです。

カントンにおけるヨーロッパ諸国との貿易は、おもに行商(こうしょう)という清の特許商人が担当し、彼らは外国船の保商(ほしょう)として、粤海関(えつかいかん)という清の税関への納税を請け負わされていました。

第2章で説明したように、シナの伝統では、地方官は中央政府から給料をもらっているわけではなく請負制で、一定の税を取り立てて中央へ送れば、あとは自分の収入とすることができました。だから、外国貿易においても、政府が特定の商人に貿易の独占権を許可するかわりに、政府への関税納入を請け負わせたのです。

このようなカントンにおける外国貿易の仕組みは「カントン体制」と呼ばれ、アヘン戦争後に締結される南京条約で五港が開港されるまで、八十年あまり続くことになります。

カントン体制は、清朝がヨーロッパ諸国との変則的な朝貢貿易をカントン一港で管理する、一種の管理貿易体制でした。ヨーロッパ諸国（のちにはアメリカ合衆国も参入）との貿易は、粤海関の長官（監督と言う）をはじめとするカントン官僚と、行商という特許商人によって、人と物の両面から管理されていました。

来航したヨーロッパ人は、貿易シーズン中（十月から一月）に限って、広州府城外、西側の珠江（しゅこう）沿いに設定された夷館（いかん）区域（外国人居留区域）での滞在が認められたものの、滞在中の行動がいろいろと制限されていました。

物の面では、生糸のような輸出品に量的な制限が設けられたり、最高級生糸、米、塩、亜鉛は輸出禁止措置が取られたりしました。また、外国側と紛争が発生した際には、その国との貿易が一時的に停止されました。

アヘン貿易

いよいよアヘン貿易の話になります。イギリスの対清貿易はお茶の輸入を中心に発展しましたが、その見返りとして輸出しようとした毛織物は売れず、産業革命で生産量が飛躍的に増加した綿製品も、質が低かったので清ではあまり売れませんでした。イギリスはその差額を銀で決済したので、支払いにあてる銀の不足に悩むようになりました。

十八世紀後半にイギリスで産業革命が始まり、国内での資金需要が高まると、輸入茶の支払いのため大量の銀を持ち出している東インド会社のシナ貿易のあり方に対して、産業資本家や、彼らの利益を代弁する議会の一部から強い批判が起こりました。それで、東インド会社は銀に代わる決済手段を見いださねばならなくなりました。

そこで、東インド会社はアヘンに目を付け、本国の綿製品をインドに輸出し、インド産のアヘンを清朝へ密輸出する三角貿易を始めたのです。

ところで、アヘンを実際に清朝に輸送して販売したのは、東インド会社ではなく、カントリー・トレイダー（地方貿易商人）と呼ばれる民間商人でした。当時、清朝はアヘン貿易を禁止していたので、禁制品アヘンを販売した結果、茶を売ってもらえなくなることを東インド会社は恐れました。

これらの民間商人は、東インド会社からライセンスを得たイギリス人やインド人の商人で、インド産のアヘンや棉花（めんか）をカントンで販売して銀を入手しますが、茶貿易は認められていませんから、手元に大量の銀が残ります。彼らはその銀を東インド会社のカントン財務局に払い込み、東インド会社の為替手形を購入しました。そうした為替送金のほうが、銀をそのまま輸送する（正貨送金）よりも有利になるように為替率が操作されていました。そして、東インド会社は、彼らが払い込んだ銀で輸入茶の代金を支払ったのです。

アヘンはケシの子房から出る汁液が原料で、モルヒネを主成分とする麻薬です。十七世紀にオランダ支配下のジャワ島から台湾に伝わり、マラリヤの特効薬としてタバコに混ぜて吸飲するようになりました。

十七世紀中頃から約一世紀の間、清にアヘンを運んだのは、イギリス人ではなくポルトガル人でした。ポルトガル商人は、インド中部で生産されたアヘンを、インド西海岸にあるポルトガルの植民港ゴア、ダマーンから積み出して、やはり当時、ポルトガルの事実上の植民地であったマカオから清側へ売り渡しました。

一七二九年雍正(ようせい)帝がアヘン禁止令を出したときには、ポルトガル商人が、年間百箱を清に売っていました。一箱六十キログラムのアヘンは、中毒者百人が一年間に吸飲する量に相当すると言われ、約一万人の中毒者がいたことになります。

ところが十八世紀末になると、イギリスの東インド会社が取り扱うベンガル・アヘンの清朝への年間流入量は四千箱になりました。四十万人が中毒者という計算です。イギリスではお茶が必需品となり、禁制品であることを承知の上で、インド産のアヘンを清に売っていたのです。

一八二〇年代になると、民間商人は、品質改良されて利益の多い、東インド会社の専売外のマルワ・アヘンを、会社の妨害を押し切って清へ大量に輸送するようになりました。その結果、一万箱（一八二六年）、二万箱（一八三〇年）と急増し、アヘン戦争直前の一八三八年には約四万箱にまでなりました。これは四百万人分で、当時の清朝の人口ほぼ四億人として、百人に一人が中毒者となる計算です。

さらに世界史的な変化として、一八二〇年代にはイギリスのロンドンに国際金融市場が誕生し、あらゆる貿易が最終的にポンドで多角的に決済されることになりました。アメリカ商人は、イギリスに棉花を輸出して得た手形で清からお茶を輸入するようになり、イギリスの民間商人は、マルワ・アヘンの大量販売で得た銀で、東インド会社の手形ではなく、新たにカントン市場に出回るようになった、利益の多いアメリカ手形を購入するようになりました。

アヘン貿易が、三角貿易構造から多角貿易構造のなかに編成し直され、イギリスの世界経済構造の不可欠な一環を形成することになったことが、一八四〇年のアヘン戦争の勃発につながるのです。

清朝のアヘン禁止政策

さて、それでは清朝側では、増え続けるアヘン貿易と国内のアヘン中毒者に対して、どのような政策で対応したのでしょうか。

清朝のアヘン禁止政策は、「外禁」政策と「内禁」政策とに分かれます。外禁政策は、アヘン貿易を禁止して、アヘンの流入を水際で防ごうとするものです。内禁政策は、国内におけるアヘンの製造・販売・吸引、アヘン窟(くつ)経営、アヘン吸引用キセルの製造・販売、ケシの栽培などを禁止するものです。

けれども、どちらの政策もほとんど効果はあがりませんでした。その理由は、官僚の腐敗にあります。まず第一に、禁止政策を実施する立場の官僚や兵隊に、アヘンの吸引者が少なくなかったのです。皇帝が任命して地方に赴任する県知事が私的に雇う胥吏(しょり)や衙役(がえき)などの下級役人や、現地の兵隊までもが、アヘン窟経営にかかわっていたということも指摘されています。

もっと重要なのは、「外禁」実施の最前線であるカントンの官僚が、口ではアヘン貿易の禁止を唱えながら、実際には賄賂(わいろ)をもらってアヘンの密輸を黙認していたことです。アヘン一箱につき四十ドルの黙認料が支払われていたというカントンの外国人の証言もあり、カントンではアヘンはあたかも合法品であるかのように取り引きされていました。

アヘン流入量が急増すると同時に、アメリカ商人が銀ではなくアメリカ手形で茶貿易を決済するようになった結果、一八二七年ごろから銀が清から流出しだします。

当時、清朝には秤量(しょうりょう)貨幣としての銀と、鋳造(ちゅうぞう)貨幣としての銅銭が流通し、法定レートでは、銀一両（約三十七・三グラム）が銅銭一千文（枚）に相当しました。しかし、銀が清から流出しだした結果、銀高銅安となり、銀一両＝銅銭千五百～二千文となります。

このような銀高銅安は、税金を銀で治める地主たちには事実上の増税となり、税収の減少にもつながって、清朝の財政に深刻な打撃を与えるようになりました。

内禁政策のほうでは、清朝政府にアヘン禁令をめぐって、「禁を弛めろ」（弛禁論）という案と、厳禁論と、相反する二つの案が上奏されます。

弛禁論の方は、一八三六年、許乃済が上奏したもので、「アヘンはいくら禁じても、下級官吏と無頼漢が結託して密売買をやるので、禁絶することはできない。禁令が厳重になればなるほど密貿易の利益が大きくなり、銀の流出が多くなる。だから、官吏、将兵などの吸引は禁止するが、民間の販売・吸引は放任しよう。アヘン輸入を合法化し、物々交換を行ない、銀による購買を禁止しよう。内地でケシの栽培を奨励すれば、外国アヘンの流入が減って、銀の流出もなくなる。アヘンを吸うようなヤツは、どうなってもさしつかえない怠け者だ。わが国の人口は日ましに増えているから、多少の人が生命を縮めたとしても、大した問題にはならない」というような内容です。

この上奏の背景には、外国のアヘン船がカントン以北、遠く遼東まで北上して密輸するようになり、清朝へのアヘン流入が、カントンとカントン以北でおよそ半々という状況になったために、カントンの官僚や行商が、アヘン貿易の合法化を構想するようになったという状況があります。しかしながら、この合法化提案は、あまりにもカントンの利益を優先したものであったために、反対上奏が相次いで、結局、葬り去られました。

厳禁論の方は、一八三八年、黄爵滋（こうしゃくじ）がアヘン吸引者死刑を提案しています。このような内容です。「銀が外国に流出するのは、アヘンの販売が盛んなためである。アヘンの販売が盛んなのは、アヘンを吸う者が多いからである。今までアヘンの禁令が出ているのに、アヘンを吸う者が多いのはなぜかというと、アヘンを吸う者の刑が軽すぎるからである。首枷（くびかせ）をはめられるか、背中を杖で打たれるかにすぎない刑では、アヘン中毒の患者にとっては、アヘンを止めるよりも枷杖（かじょう）の刑をうけたほうが、よほど楽である。だから、処罰されてもかまわないからアヘンを吸う。アヘンを吸う奴がいるから、アヘン販売者の刑は重くても、密売買するものは絶えない。アヘンの輸入を禁じて銀の流出を防ごうとするならば、アヘンを吸うものを極刑（きょっけい）に処すればいい。死刑の苦しみは、中毒患者がアヘンを止める苦しみどころではないから、きっとアヘンを吸うものはなくなるだろう。もっとも、中毒患者に今すぐ止めろといっても無理だから、一年の猶予（ゆうよ）期間を定め、期限をすぎてもなお吸っているヤツは、死刑に処すればよい」

この提案を受けた道光帝（どうこうてい）は、これに対する意見を総督、巡撫（じゅんぶ）などの地方大官に求めました。その結果、合計二十九名から答申があり、死刑論に反対が二十一名、賛成はわずか八名にすぎませんでした。反対の理由は、アヘンを吸引しただけで死刑というのでは、法体系上のバランスを欠くという法律論と、実際に何百万人ものアヘン吸引者を死刑にはできないという現実論でした。

欽差大臣林則徐、アヘンを没収

道光帝はアヘン貿易の禁絶、つまり外禁を断行しようと決意していましたが、これまでの経緯から判断して、その任務をカントン官僚に期待できないことも承知していました。それで、非常に具体的で説得力のある死刑賛成上奏を提出した湖広総督（湖北・湖南二省の行政長官）の林則徐を北京に呼びました。

林則徐は、アヘン吸引者死刑という内禁論に賛成したにすぎないと、「外禁せよ」という道光帝の命令を固辞しつづけましたが、欽差大臣（特命全権大臣）の使命を果たしたあかつきには両広総督（江蘇・安徽・江西三省の行政長官）にしてもらえる、という暗黙の了解のもとに、ついに一八三九年、カントンに着任しました。

林則徐は外禁を断行するために、アヘン商人に対して二つのことを要求しました。第一に、現在持っているアヘンをすべて提出すること。第二に、将来、永遠にアヘンを清に持ち込まないという誓約書を提出すること、です。

最初は渋っていたアヘン商人も、林則徐が外国人居留区域を封鎖して圧力を加えると、ついに屈して二万余箱のアヘンを提出したので、林は珠江（しゅこう）河口近くの高台に人口の池を二つ造り、そのなかでアヘンを塩水、石灰と混ぜて、二十日あまりかけて化学分解しました。白い煙があがりましたが、燃やしたわけではありません。不正のないように、アヘンの処分作業は衆人環視のもとで行なわれ、珠江を上下する外国船の船上からも処分の模様が望見できるよう、わざわざ河口近くの高台を処分場所に選んだのです。

さて、当時のイギリスの貿易監督官チャールズ・エリオットは、アヘン商人がアヘン二万余箱の提出に応じた際、その代価をイギリス政府が支払うと約束しましたが、これは彼の越権行為でした。そこで、彼は自分の行動を正当化するためにも、林則徐が取った一連の措置は、イギリス人の生命と財産を危険にさらした不法なものであり、アヘンはいわば身代金として引き渡したと外相パーマストンに報告すると同時に、清に対する砲艦政策の実施を進言しました。

イギリスでは、一八三四年には東インド会社のシナ貿易独占権もなくなり、イギリス人は誰でも自由に清朝で貿易ができるようになっていました。それだけに自由貿易を求める声は、イギリス商人、資本家の間に強く、清朝を開かせなければいけないという世論が大きくなっていました。清朝はもはや武力的に恐るべき存在ではなくなっており、こういう世論を背景に、イギリス政府は出兵して、貿易の自由化を強制することを決心したのです。

アヘン戦争

イギリス政府（首相はメルボーン）が、遠征軍のシナ派遣にともなう特別財政支出の議案を議会に提出したとき、のちに首相になるグラッドストーンが演説のなかで次のように述べて戦争に反対したことは有名です。

「シナにはアヘン貿易をやめさせる権利がある。それなのにシナの正当な権利をふみにじって、わが国の外務大臣は不正な貿易を援助した。これほど不正な、恥さらしな戦争は、かつて聞いたことがない。大英帝国の国旗ユニオン・ジャックは、かつては正義の味方、圧政の敵であり、民族の権利、公正な商業のために戦ってきたのに、いまや、あの醜悪なアヘン貿易を保護するためにかかげられることとなった。国旗の名誉は汚（けが）された。もはや、われわれはユニオン・ジャックのひるがえるのを見ても、血わき肉おどるような感激はおぼえないであろう」

しかし、このとき遠征軍はすでに清に向けて出発していたのですから、この有名な台詞もイギリスの後ろめたさを隠す言い訳にすぎません。一八四〇年四月七日、下院において、反対動議案はわずか九票差で否決され、政府案が可決されました。ついで、政府案は上院でも可決さ

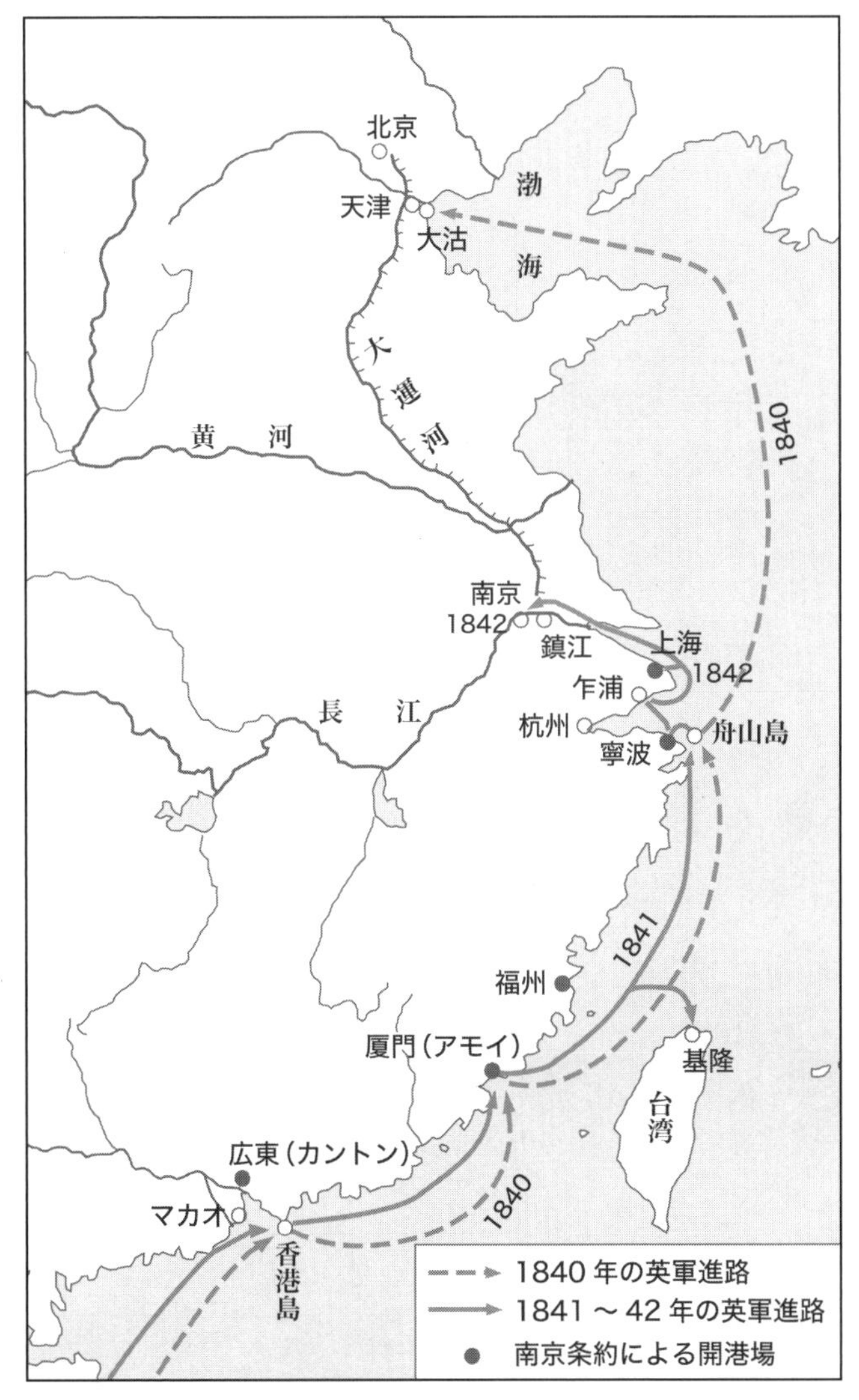
北京
天津
大沽
渤
海
大
運
河
黄　河
1840
南京
1842
鎮江
上海
1842
乍浦
杭州
舟山島
寧波
長　江
1841
福州
厦門（アモイ）
基隆
台
湾
広東（カントン）
マカオ
香
港
島
1840
1840年の英軍進路
1841～42年の英軍進路
南京条約による開港場

図9　アヘン戦争

れました。

遠征軍の首席全権兼総司令官にはチャールズ・エリオットのいとこのジョージ・エリオットが任命され、次席全権はエリオット自身でした。

インドで主力が編制された遠征軍の第一陣は、六月にカントン海域に到着しました。夏の終わりまでにシナ海域に集結した遠征軍の陣容は、軍艦十六隻、輸送船・病院船三十二隻、陸兵四千で、カントンの海上封鎖を宣言してから北上し、七月五日には舟山島を占領、さらに北上して渤海湾に入り、八月九日に白河口沖に到着しました。そして、清朝の宰相あてのパーマストン外相の書簡を清朝官憲に手渡して回答を求めたのです。

パーマストンは、引き渡したアヘン代価の賠償、清英両国の対等交際、海島の割譲、行商制度の廃止などを要求すると同時に、カントンにおける林則徐の行動を強く非難していました。

清朝政府は、イギリス遠征軍が北京に近い渤海湾に出現したことに驚愕し、書簡で強く非難されている林則徐を罷免してしまいます。そして、新たに欽差大臣に任命する琦善（当時、直隷総督）とカントンで交渉することをイギリス側に提案して同意を得ました。

しかし、カントンで行なわれた琦善とイギリス側の交渉も、香港島の割譲をめぐって決裂し、イギリス軍による虎門砲台の占領が知らされると、道光帝は一八四一年一月イギリスに対して宣戦布告の上諭を発しました。イギリス軍による香港島占領の報に接すると、琦善はその責任を問われて罷免され、財産を没収されてしまいます。

イギリス軍は、一八四二年五月に軍艦二十五隻で上海を占領し、長江（揚子江）をさかのぼって、シナ経済の大動脈とも言うべき大運河を、長江との合流点である鎮江（ちんこう）で封鎖し、南京城に向けて砲列を敷きました。ついに敗北を認めた清朝は、八月にイギリスと南京条約を結びました。

大運河封鎖の戦略上の重要性については、かつてマカートニーが北京からの帰途、大運河を南下して鎮江を通過したときにすでに指摘していたのです。

南京条約

アヘン戦争の結果、南京で結ばれた講和条約全十三条のおもな内容は、次の通りです。

一、カントン（広州）に加えて厦門（アモイ）、福州、寧波（ニンポー）、上海（シャンハイ）の計五港の開港。
二、五港におけるイギリス領事の駐在、イギリス商人が自由に安全に居住し、商業に従事し得ること。
三、香港島のイギリスへの割譲。
四、引き渡したアヘンの賠償金六百万メキシコドルの支払い。

五、行商制度の廃止と行商の債務三百万メキシコドルの支払い。

六、イギリスの戦費千二百万メキシコドルの支払い（四、五、六を合わせた二千百万メキシコドルは、清朝の年間歳入の三分の一以上でした）。

七、イギリス軍に協力した漢奸（かんかん）として逮捕されている清朝臣民の釈放。

八、イギリスと清朝両国相応の官吏は、対等の交際をすること。

アヘンに関しては、この条約では何一つ触れられていません。じつはアヘンの貿易量は、一八三九年の一年間は激減しましたが、戦争の最中にまた急増し、戦後はさらに伸びています。条約締結の前に双方の全権が「公然たる密輸」で合意していたからです。つまり、条約にはアヘン条項を入れず、清朝官憲は取り締まりをしないという暗黙の了解があったのです。

少し先のことを説明しておきますと、アヘン貿易はこのあとも急増し、後述するアロー戦争（第二次アヘン戦争、一八五六～六〇年）中、一八五八年に結ばれた清英天津条約の付属書において、関税を課す形で「合法化」されました。それから再び増加し、一八八〇年にピークを迎えます。

じつは二十世紀に入ってもまだ、アヘン貿易量はアヘン戦争時よりはるかに高い水準を維持していました。国際アヘン会議の決議を経て、アヘン貿易は一九一七年にようやく廃止されました。けれども、その代わりに今度は中国産アヘンが著しく増加したのです。

「アヘン戦争から中国の近代が始まった」という説は毛沢東が作った

わが国の歴史教科書では、だいたい「一八四〇年に起こったアヘン戦争から、中国の近代史は始まった」と書いていますが、これは、中華人民共和国の歴史観をそのまま取り入れたものです。

じつは、このような「屈辱の近代（前述したように中国語では「現代」ですが）はアヘン戦争から始まる」という中国史が作られたのは、清朝が滅びたあとの二十世紀になってからなのです。

現代の中華人民共和国の公式の歴史では、一八四〇年のアヘン戦争によって「半植民地」の「近代」が始まり、それ以前は秦・漢帝国以来「封建社会」の「古代」だったと時代区分します。このような中国の近現代史観が創り出されたのは、一九三七年に始まる日本との戦争の最中でした。

中華人民共和国の初代国家主席になった毛沢東（もうたくとう）という人物はものすごく頭がよく、膨大な量の古典を読み、中国の伝統をよく知っていました。「中国共産党はペンと剣で権力を握った」と自分でも言っています。ペンとは情報、剣とは軍隊のことです。

一九三七年に支那(しな)事変（これを日中戦争と呼ぶようになるのも戦後です）が始まると、毛沢東は、蔣介石の国民党に日本軍との戦闘をまかせて、自分たち共産党の兵力は温存しました。日本が負けたあと、国民党に勝利するためです。そして、自分たちが勝利して国家を作ったときに、自分たちの建てた国が、天命を受けた正統の国家であることを証明するための歴史を書いていたのです。

実際には、アヘン戦争ではなく、一八九四〜九五年の日清戦争で日本に負けたことに、清朝は本当に衝撃を受けたのです。シナはそれまで長い間、日本をただの「東夷（東の野蛮人）」と考え、数にも入れずに見下していました。しかし、明治維新で西欧をまねて近代化に励んだ日本が、わずか三十年で自分たちよりも強くなったことを見て、初めて、これではいけない、と思ったのです。このあと清朝は日本の明治維新に見ならって政治改革をし、多くの清国留学生を日本に派遣して、日本語を通して近代化を学び始めます。でもそれを認めたのでは、日本を勢いづかせることになってしまいます。それで、そういう事実はなかったことにして、西欧の衝撃を受けて「近代」が始まったという歴史を、このときに中国共産党指導部が創り出したのです。

日本のある歴史の本では、「アヘン戦争は、近代的兵器をもつイギリス側が圧倒的な勝利をおさめ、一八四二年に結ばれた南京(ナンキン)条約のために中国は開国を余儀なくされ、世界市場に組み込まれるとともに、半植民地的社会体制に抵抗する民族的運動の原点となった」と書いていますが、中国という国家はまだ存在していませんし、民族的運動もまだありませんから、この表現はおかしいのです。もっとも、「原点となった」ということばをつけ加えているところが、史実を説明するというより政治的な言い方であるという自覚をこの著者が持っていることをあらわしているように私には思えます。

中国における歴史、というか共産主義の歴史は、結論が決まっており、その結論に都合のよい事件だけを取り上げて、しかもそれを結論に合うようにさらに都合よく説明するというのが決まりになっています。

古代には、虐げられた農民の反乱が封建社会の圧政をはねかえし、近代になると、中国を侵略する外国勢と戦って打ち負かした、というのが共産党の作った中国史の筋書きです。たとえばアヘン戦争にかかわる民族的運動として、現代中国では、「平英団の闘い」が大々的に宣伝されています。これは、広東郊外の三元里という村で、イギリス兵が掠奪や暴行を働いたので、村人が怒って「平英団」と大書した旗をおし立て、通行中のイギリス兵を立ち往生させたという小さな事件です。けれども、他にイギリス兵に抵抗した事件が見当たらないので、今では、その村の公園に、イギリス帝国主義の侵略に対する闘いで犠牲になった人々を追悼する、高さ五メートルにもおよぶ記念碑が建っているそうです。

アヘン戦争後も清朝はすぐには変わらなかった

アヘン戦争に負けて開国させられても、実際には清朝の政治体制にほとんど変化はありませんでした。

シナにはもともと、夷狄（いてき）（周辺の野蛮人）に対する伝統的な政策として、羈縻（きび）（馬や牛につけるたづな）とか懐柔（かいじゅう）などと呼ばれる手段がありました。軍事力が強くて掠奪をする敵を手なずけるために、品物を与えるというものです。南京条約を結んでイギリスの要求をほぼ全面的に認めたのも、乱暴者が家にあばれこんで手がつけられないから、欲しいものをやって退散を願っただけと考えたのです。

その証拠に、南京条約を結んだあとも、清朝ではイギリスのことを、公文書でも「英夷（えいい）」と呼んでいます。「イギリスという名前の野蛮人」という意味です。禁止されている毒物であるアヘンを持ち込み、それを没収されたからといって、軍艦から大砲を撃って賠償金を取るなど、清朝側からすれば野蛮人以外の何者でもありません。

さらに、条約を結んだあとのイギリスやフランスに関する業務を担当した役所は理藩院（りはんいん）でした。理藩院とは、モンゴルやチベットや回部など、藩部（はんぶ）と呼ばれた属領を担当する役所です。

つまり、西欧諸国は、このとき清朝にとっては藩部と同じ扱いだったのです。

　このとき清朝にはまだ外務省はなく外務大臣もおらず、南方から来る列国の交渉相手は、広東にいる両広総督（広東・広西の長官）でした。

　もちろん、現代の視点から見ると、南京条約の締結は、中国の歴史にとって劃期的なことです。清朝はイギリスに続いて、一八四四年には、アメリカ、フランスとも条約を結びましたが、それらの条約は、一、協定関税、つまり、関税自主権の喪失であり、二、領事裁判権、つまり、外国人の案件は外国人領事が裁くという治外法権であり、三、片務的最恵国待遇、つまり、イギリスと結んだ条約と同じ条件で、その他の国も清朝と条約を結ぶことができるという、まったくの不平等条約でした。

　けれども条約港での貿易も、清朝側から見れば、朝貢関係の一環であるカントン・システムを拡大解釈したものでした。だからこそ港の数が五港と限定されており、条約港といっても当初は十分な体をなしていませんでした。

　いまや無数の高層建築が林立する上海も、もとはといえば低湿地の水田地帯にある片田舎の街にすぎませんでしたし、香港島も、当時は小さな漁村が点在する場所でした。従来の朝貢貿易とは無縁な場所に、一から港湾設備や商館を構えなければ貿易ができない不便な場所に、西洋人の要求に応じて場所を与えただけなのだから、清朝としては十分に西洋人を懐柔できると考えたのです。
しかし、あとから考えると、それはまったくの見込み違いでした。条約港という足がかりを得た西洋諸国は、清朝の法律の適用できない専管居留地、つまり「租界（セトルメント settlement)」を持つことになります。租界とは、清と条約を結んだ国が、一定範囲の土地を清から借り上げて、清の当局に代わって基本的な都市基盤や行政・治安・司法などの機構を整え、管理するというものです。

とくに上海では、一八四三年、イギリスがまず土地を租借し、一八四八年にアメリカが、一八四九年にはフランスが、それぞれ清から土地を租借しました。一八五四年に、英米仏が行政を統一して租界が誕生しますが、一八六一年にフランスのみ単独のフランス租界となり、一八六三年に英米租界が国際共同租界となりました。

のちに、日本人が多く住む虹口地区は日本租界と呼ばれるようになりますが、日本租界も正式には共同租界の一部でした。こうして上海は、工部局（フランス租界は工董局）と呼ばれる行政機関が取りしきることによって、外灘や南京路・淮海路に代表されるような西洋的な都市景観が急速に姿をあらわしていきました。さらに、上海の共同租界は一国が完全にその運営を左右しえない「共同」であることによって、さまざまな国の利害が渦巻く謀略の舞台となっていくのです。

また、清の行政権がおよばない租界は、このさき戦乱から逃れようとする多くの人々にとって格好の逃げ場となるだけでなく、西洋の事物を学ぼうとする知識人を引きつけるようになります。さらには、租界内に設立されたキリスト教系の学校での教育を通じて、ヨーロッパ思想が漢人社会に入り込み、やがて清朝の体制を根底からゆるがすことになるのですが、それはアヘン戦争からまだしばらくあとのことです。

アヘン戦争が日本に与えた衝撃

意外に思われるかもしれませんが、アヘン戦争の影響を強く受けたのは、清朝ではなく、じつは日本のほうでした。

江戸時代の日本は鎖国していたことばかりが有名ですが、オランダだけでなく、清朝とは長崎で貿易をしていましたし、琉球（沖縄）を通じても、清の情報はいつも入ってきていました。琉球は清朝へ朝貢すると同時に、一六〇九年以降は薩摩藩を介して幕府にも服属し、いわゆる「両属」の関係にありましたので、琉球の朝貢使節が福建省の福州などで得たアヘン戦争情報は、薩摩藩を経由して、すぐに幕府に伝えられました。

長崎ルートのほうは、清の船がもたらす情報を「唐風説書（とうふうせつがき）」と言い、オランダ船がもたらす情報を「和蘭風説書」と言いました。オランダ情報は、オランダ船が主としてシンガポールで入手したかなり正確な情報でした。

日本の沿海には、すでに十八世紀中頃からロシア船がやって来るようになっていました。一八〇四年には、ロシア使節レザーノフが仙台の漂流民を護送して長崎に来航し、日本に貿易を求めましたが、拒否されて翌年退去しました。その報復として、一八〇六〜〇七年には、レザーノフの部下たちが樺太とエトロフを襲撃しています。

その後も、ロシアが通商を求めてやって来るのを、幕府は一八二五年には「異国船（無二念）打払令」を出して、清とオランダ以外の外国船は追い払えという強硬な姿勢を取ってきました。

ところが、清朝がアヘン戦争に敗北したという情報が伝えられると、幕府は南京条約調印の前日の一八四二年八月二十八日に、「薪水給与令」を出しました。外国船が来たら、薪や水を与えて、平和裡に帰ってもらいなさい、という指令です。ヨーロッパの軍事力が強いことを知ったので、排外姿勢をやめて、柔軟なものに変えたのです。

アヘン戦争が日本人を変えた

アヘン戦争は、幕府の政策を百八十度変えただけでなく、幕末の日本人にも大きな影響を与えました。

江戸時代の日本は、識字率がひじょうに高かったことで有名です。各藩の武士たちは藩校で「四書五経」と呼ばれる儒教の教典を学んでいますし、庶民は寺子屋で読み書きそろばんを習いました。武士の家に生まれた女子はそれなりの教育を受けましたし、庶民でも読み書きのできる女子は少なくありませんでした。とくに商家の女子は読み書きそろばんが必要だったでしょう。日本はすでに江戸時代に、世界水準から見てもたいへん文明度の高い社会を作りあげていたのです。

江戸時代の日本には、清朝で出版された書物はすべて輸入されています。当時の清朝では木版印刷で漢籍を刊行していましたが、長崎に持ってくるとすべて売れるので、日本で売れる部数を考慮して、つねに何割増しかで印刷したということです。

長崎の出島（でじま）に清朝から書物を積んだ船が着くと、幕府から派遣されてきたお役人が、まずすべてを検分して、必要なものを購入します。幕府の役人といっても、だいたい当時の最高水準の儒学者たちが船が着くのを待っているのです。この人たちは、清朝の船が運んできた新しい書物をその場ですべて目を通したと言われています。そして、残った書物は、各藩から派遣された学者たちが、入札して購入するのです。藩校に持ち帰ってそれらを教科書にするためです。

幕府が購入した漢籍は、今はすべて東京の内閣紅葉山文庫の所蔵になっています。地方の藩校が持っていた漢籍は、だいたい、地方の大学図書館が受け継いでいます。

大陸では、清朝が崩壊したあと、中華民国時代は軍閥闘争にあけくれ、日本との戦争が終わったあとは、国民党と共産党の間の国共内戦が四年間も続きました。中華人民共和国になってからも、文化大革命のときに古い書物はほとんど焼いてしまったので、古い漢籍は、じつは日本のほうにずっとたくさん残っています。地方の大学図書館にも、中国にはない珍しい史料がたくさん所蔵されているので、わざわざ調べに来る台湾人や中国人も多いのです。

そのようにして幕末に清から輸入された漢籍の中に、有名な『海国図志』があります。『海国図志』は、道光帝の命令で欽差大臣（特命全権大臣）としてカントンに着任し、アヘン商人からアヘンを没収して化学処理した林則徐が、カントンで集めた資料を使って書かれた本です。

林則徐は、皇帝の命令通りに一所懸命に働きましたが、結局、戦争勃発の責任を問われて、今の新疆ウイグル自治区のカザフスタンとの国境に位置するイリへ流されました。流刑におもむく途中、彼はカントン滞在中に収集した、英文資料の漢語訳を含む欧米諸国に関する資料を友人の魏源に託したのです。

それらの資料を利用して、魏源が編纂した世界地誌が『海国図志』です。一八四三年に五十巻本が出版され、その後、増補されて一八四七年には六十巻本、一八五二年には百巻本が出版されました。

日本には、一八五一年になって、一八四九年重訂の六十巻本が三部、初めて長崎にもたらされ、以後、かなりの部数が輸入されました。そのあと日本では、『海国図志』の欧米諸国に関する部分だけ、和刻本といって、返り点をつけて読みやすくしたものも出版されました。

この『海国図志』は、松平春嶽、島津斉彬らの大名や、吉田松陰、佐久間象山、横井小楠ら志士の間で読まれ、幕末日本における海防論議に大きな影響を与えたのです。

第4章

清の衰退――太平天国の乱と第二次アヘン戦争

清は、アヘン戦争後も、第二次アヘン戦争（アロー戦争）、太平天国の乱を経て、衰退の一途を辿ります。本章では、太平天国の実像や清朝各地で起きた反乱の実態を明らかにすると同時に、英仏に負け、ロシアに大きな領土を割譲することになった理由を解説します。

二十世紀になってもてはやされた「太平天国の乱」

日本の歴史教科書では、太平天国の乱について、「アヘン戦争の費用は重税となって清の民衆の負担を増やし、各地で暴動や反乱が発生し」「農民たちの生活がますます苦しくなったので、一八五一年、清の南部で、キリスト教に影響を受けた宗教を信じる貧しい農民たちが、洪秀全を指導者として立ち上がり、『滅満興漢（めつまんこうかん）』（満洲人の王朝をほろぼし、漢人国家をおこす）を訴えて、太平天国という国を作った」が、「しだいに改革の理想を失い、権力者は激しい内紛を続けたので、太平天国は一八六四年に滅びた。しかし、以後の中国の民衆運動の出発点となった」と説明しています。

しかしながら、この文章には誤りや不正確な表現がたくさん含まれています。

どういうことかというと、「清の民衆や農民」とひとくちに言っても、清朝時代には、お役人以外は違う省の人たちとは関係を持ちませんでした。それどころか、村を越えたつき合いもほとんどありません。シナ大陸では昔から、一族で新しい土地に移住して村を作り土地を開墾してきました。だからシナの村はだいたい祖先が同じ同族村なのです。農民は国家よりも同じ姓を持つ宗族のほうに帰属意識があります。現代の国民のような、連帯の気持ちを持った民衆はまだいない時代です。

じつは民衆という考え方は、社会主義が誕生し、革命運動が始まったあとに生まれたものなのです。それに「滅満興漢」をスローガン

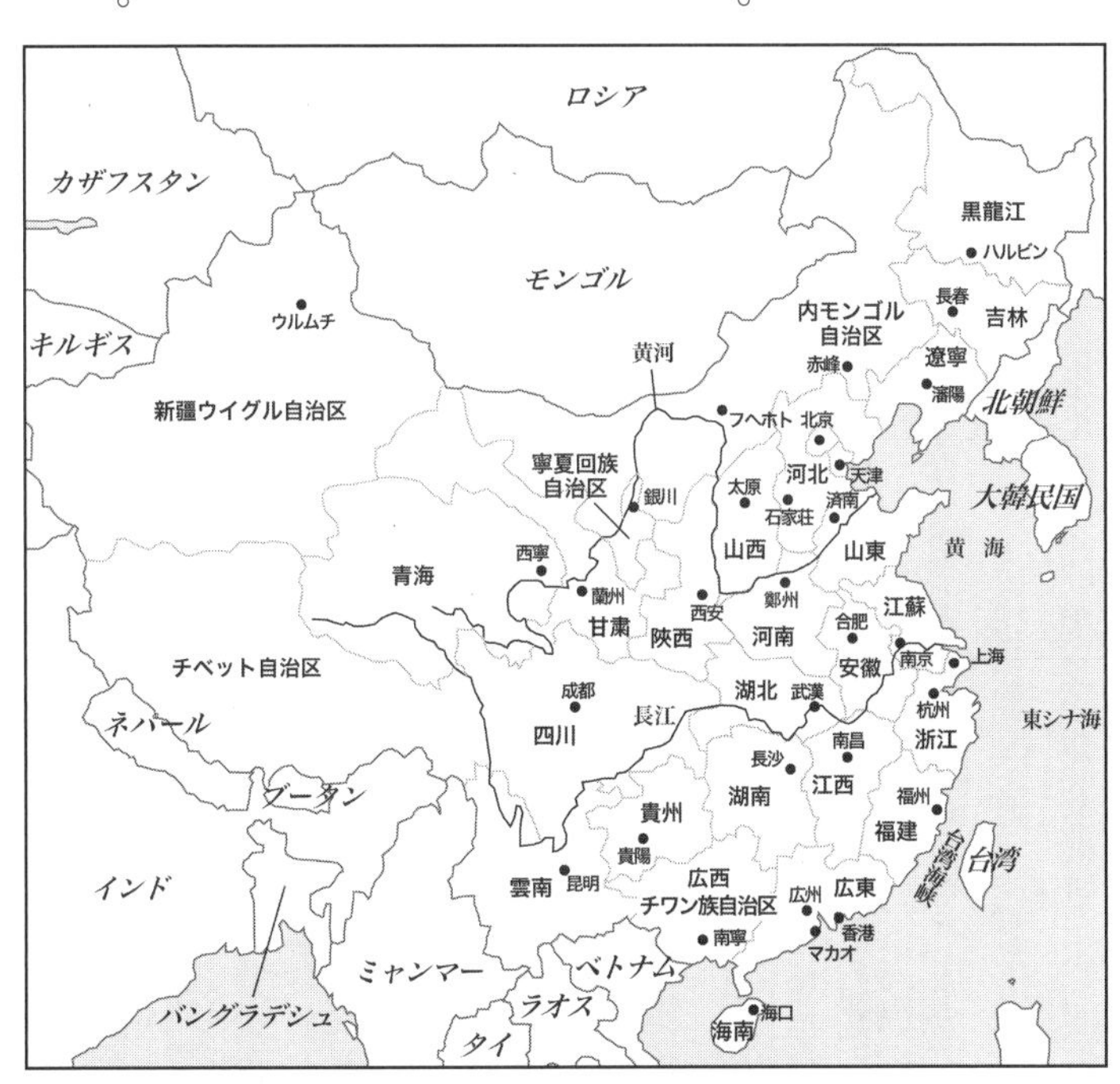

図10　現代中国の省域図

としたのは、一九一一年の辛亥革命のときです。

二十世紀になって辛亥革命を起こした人たちは、歴史を過去にさかのぼって、太平天国を見本にしました。太平天国軍は、満洲族が清朝を建てたときに漢民族に強制した弁髪を切り落とし、髪を長く伸ばして結いつける長髪軍として有名でした。それは、満洲人が漢人に弁髪を強制したときと同じ理由で、敵味方をはっきりさせるためです。

辛亥革命のとき、革命派は、清朝打倒の意志を示す強烈なアピールとして、太平天国にならって弁髪を切り落とし、このときはじめて「滅満興漢」をスローガンとしたのです。

のちには中国共産党も、太平天国を自分たちの先駆者と位置づけました。太平天国が取り入れた「天朝田畝制度」(田があればみんなで耕し、食べ物があればみんなで食う。どこの人もみな均等にし、一人残らず暖かな服と腹いっぱいの飯を得られるようにする)を、中国共産党指導部は、封建的な土地所有制度を否定した革命的な綱領であると高く評価しました。じつはこれは、シナ大陸に古来からある「大同」ユートピアの実現なのです。また一九五八年から始まった中華人民共和国の大躍進運動と人民公社の設立も、その基本精神や均等な分配という点で、「天朝田畝制度」と共通する部分を持っていました。だから、太平天国の乱のことが、中国近代史で大きく取り上げられるようになったのです。

太平天国の乱こそが共産主義運動の始まりだ、という位置づけが、「アヘン戦争から、外国に侵略された屈辱の近代が始まった」という歴史観につながるのです。結果が先にあって、現代からさかのぼって都合のよい事例を過去に見つけるという一例です。

近代中国の革命において客家の果たした大きな役割

これから太平天国の乱について、では史実はどういうことだったのかを見ていくのですが、その前に、太平天国の乱の指導者になった洪秀全が客家(ハッカ)出身だったという意味を説明しておきたいと思います。客家は、「客」という漢字が示している通り、その土地によそから来た一族でした。

客家は、宋(そう)代のころに戦乱を避けて中原(ちゅうげん)から南方に移住した人々の子孫であると言われていますが、正確にはモンゴル帝国のせいで南下したのです。チンギス・ハーンの孫のフビライが、今の北京を都として元(げん)朝を建て、南宋を滅ぼしてシナ全土を支配しました。遊牧民たちはモンゴル草原から南下して黄河中流域に村を作って住みついてしまいました。だから、その土地の住民たちは追い出されて南下することになったのです。

客家が南下したときには、沿岸の平地はすでにかつての越(えつ)人の子孫である広東(カントン)人や福建(ふっけん)人が農地にしてしまったあとでした。それに、客家がもとから住んでいた黄河中流域も山間部だったので、内陸部を南下して生活条件の悪い山間部に入植することになりました。

客家も漢族ですが、移住後も、客家語と呼ばれる独自の方言や生活習慣を守りつづけたため、移住先で社会的な差別を受けることも多かったのです。しかし、だからこそ、彼らは「自分たちこそ漢人の正しい末裔であり、中華の本流である」と信じ、血縁関係を中心とした結束力を高めました。

福建省西部や広東省東部の要塞のような集合住居（円楼）は、そのような客家の境遇を今に伝える代表的な建築です。また、長く黄河文明の発祥の地で暮らしていた客家の方言は、もっとも古い漢語の特徴をとどめていると言われています。

山岳地帯に入植して貧しい生活をすることになった客家の人々は、教育熱心で、女も大事な労働力なので、シナの他の地域で流行した纏足（てんそく）をしませんでした。男女ともよく働き、一族のネットワークが強いという特徴があります。

清朝時代には、親類縁者がお金を出し合って、優秀な子供を科挙（かきょ）に合格させようとしましたし、のちには新天地を求めて台湾や南洋の各地に移住する客家も増えました。客家のネットワークは今でも世界中に広がっており、客家コネクションと言われるほどです。

辛亥革命で臨時大総統にかつがれた孫文（そんぶん）も広東省生まれの客家ですし、中国の鄧小平（とうしょうへい）も、台湾の李登輝（りとうき）も、シンガポールのリー・クワンユーも客家です。この他にも、二十世紀の中国の革命運動において客家が果たした役割はひじょうに大きいのです。それは、話しことばが違えばほとんど異民族扱いをする中国人の中で、彼らのネットワークがとてもよく機能したからでしょう。

太平天国の乱が成功したのは客家のネットワークのおかげですが、失敗に終わったのもまた客家を中心とした運動という限界のせいで、貧農や流民以外には、客家以外の漢族の共感を得られなかったからではないかと思います。

洪秀全とキリスト教

洪秀全（一八一四～六四）は、広東省の省都の広州から北に五十キロほど離れた花県生

図11　土壁に囲まれたシナの村落

まれの客家で、五人兄弟で兄二人と姉と妹がいました。幼いころから頭がよかった彼は、一族の期待をになって村の塾へ通い、広州まで出かけて四回科挙を受験しましたが、ついに合格しませんでした。

彼が広州の街頭で『勧世良言（かんぜりょうげん）』という漢語訳のキリスト教の布教書を手渡されたのは、二回目の受験のときでした。その後、三回目の受験に失敗した洪秀全は、病気になって何日も高熱に苦しみ、その最中にふしぎな「幻想」を見たのです。

洪秀全の見た夢は、昇天して老人と長兄に会い、また老人が孔子を責めているのを目撃するというものでした。彼は老人から剣を与えられて「これで悪魔を滅ぼせ」と命じられ、さらには王者のしるしを受け取り、そして兄に助けられつつ悪魔と戦ったのですが、この老人は上帝（神）であり、長兄はキリストだったというのです。

この夢は、のちになって洪秀全が語った話で、スウェーデンの宣教師、セオドア・ハンバーグが書いた『洪秀全の幻想』という本にあるので有名です。

病気から快復した洪秀全は、すぐにはその暗示の意味がわかりませんでしたが、一八四三年にまたもや科挙に落第した洪秀全は、あらためて『勧世良言』を精読し、自分が上帝すなわちヤハヴェの次男でキリストの弟だと自覚し、新しい教えを説き始めます。

この『勧世良言』を書いた梁発（りょうはつ）（学善）は、マラッカに伝道にきたイギリスのプロテスタントの宣教師ロバート・モリソンが洗礼を施した信者で、聖書の印刷を手伝った広東出身の植字工でした。この本は、創世記以来の『旧約聖書』のおもな内容を紹介し、イエスの受難と復活の意味を説明するなど、聖書の抜粋ですが、布教のために英語の「ゴッド」を「上帝（じょうてい）」と訳すなど、シナの通俗道徳のことばを使ってわかりやすくまとめたものでした。

初期の布教

洪秀全の新しい教えにごく初期に入信したのは、同郷の客家人馮雲山（ふううんざん）と洪秀全の同族の洪仁玕（こうじんかん）など少数で、郷里の広東省では布教は成功しなかったので、洪秀全は馮雲山とともに一族を頼って、当時の広西省、今の広西チワン族自治区に入り、そこの貴（き）県の客家の信者を得るようになりました。

このあたりは新開地で、広東語や客家語を話す漢人だけでなく、ヤオやチワンなどの人々も多く住み、十八世紀の人口増加のなかで、成功者と競争に敗れた者たちの格差も大きくなっていました。洪秀全はいったん故郷に戻って布教書の執筆に取りかかり、残った馮雲山はさらに隣の桂平（けいへい）県の山村に住む客家に信者を獲得していきました。貧しい人々に上帝による救いを説き、病を治すなどの現世利益（げんぜりやく）を重視したことも、勢力拡大につながりました。

三千人にのぼる信者を獲得した馮雲山が、広西省桂平県金田村に洪秀全を迎えて一八四七年に立ち上げた拝上帝会が、太平天国の前身の組織です。この組織は、各地の廟に祀られているさまざまな偶像こそ諸悪の根源だから、これらを破壊して世の乱れを救おうという、偶像破壊運動を始めたので、弾圧され、馮雲山は逮捕されます。

洪秀全は郷里に戻り、洪仁玕と一緒に、広州で布教をしていたバプティスト派の宣教師ロバーツのもとに行き、ここで初めて聖書を読みました。しかしロバーツは、彼の「幻想」を信用せず、彼に洗礼を授けることを拒みます。ロバーツの理解は得られませんでしたが、洪秀全の独自の信仰はゆるぎませんでした。

ところが洪秀全と馮雲山の留守中に、広西では上帝（天父）が楊秀清という青年に乗り移り、イエス（天兄）はその友人の蕭朝貴に乗り移って、信徒に神のことばを伝えるようになっていました。そして、洪秀全といえども、天父や天兄の指示に従わなければならないことになりました。拝上帝会にはこうして、シャマニズム的な土俗的信仰が加わるのです。

太平天国の蜂起

一八五〇年、金田村に結集した信徒たちは、天兄のことばに従って土地や財産を処分して共有財産とし、「団営」と呼ばれる軍事・宗教共同体を作り、地主たちが自衛のために組織する「団練」や清の官兵と衝突するようになりました。上帝を拝めば天国に行けるということばを信じ、この世の災難を逃れて衣食が与えられることに期待を寄せる者が集まったのです。

一八五一年、洪秀全は即位して天王となり、国名を太平天国とします。清朝は軍を派遣して本格的に討伐しようとしましたが、太平天国軍の戦意と団結は固く、容易に勝負はつきませんでした。彼らは弁髪を切り落として頭を剃るのをやめていたので、清朝からは「髪逆」（髪を伸ばした反逆者）と呼ばれましたが、前述したように「滅満興漢」（満洲族を滅ぼして漢族を興す）ということばはありません。民族という考え方は当時は存在しませんし、「反清復明」（清朝に反して明を興す）というスローガンもありませんでした。自分たちの宗教共同体を、地上に天国を実現するものとして、太平天国と呼んだだけです。

太平軍は、広西の各地で清軍との戦いを続けながら、しだいに組織を固めていき、広西の東北にある永安州に半年滞在した間に、天王の下の五王を決めました。

東王・楊秀清（天父下凡）
西王・蕭朝貴（天兄下凡）
南王・馮雲山
北王・韋昌輝

翼王・石達開

一八五二年、広西から北上して湖南に入った太平軍は、途中で南王・馮雲山、西王・蕭朝貴が戦死しますが、一八五三年には湖北省の省都・武昌を落とし、長江を下って南京を占領して、これを天京と改称し宮殿をかまえました。

旗揚げしたとき一万～一万五千人だった太平軍は、その後、貧民や流賊を加えて大勢力となり、武昌を占領したときには兵員五十万人になっていました。南京を占領したときの兵員は、男百八十万人、女三十万人です。

太平天国のみやこ天京では、すべての住民の財産を没収して公有とすることが命じられ、住民を男性と女性に分けて編成し、夫婦の分離を進めました。男性は兵士として徴発され、女性は纏足を禁止されて各種の作業に動員されました。

もともと客家の女性も広西の少数民族の女性も纏足をしていませんから、太平軍は女性たちも軍営を組織して戦闘に参加していました。「大脚」の女軍として活躍したのです。しかし、客家以外の女性にとって、重労働にかり出されるのは屈辱であり、苦痛に耐えかねて自殺する者も続出しました。

地上の天国の実情

南京を首都「天京」としたあと、太平天国の指導者たちはシナの伝統的な官僚制をモデルにして、首都にそれぞれ宮殿を作って住みました。清朝の両江総督が使っていた官署が天王府となり、「金竜城」という内城と「太陽城」という外城が作られて、天王は宮殿の奥深くに住み、ごく少数の指導者としか会わなくなりました。天父（上帝）が乗り移った楊秀清の東王府は、天王府に匹敵するほどの規模でした。

はじめに述べた、すべての人民に田畑を割り当てるという有名な「天朝田畝制度」は、実際には本のなかだけのことで、太平天国が支配した地域で実施されることはありませんでした。実態としては、それまでの土地所有をそのまま認めたうえで、清朝と同じように土地税を徴収して財源としていたのです。

南京を首都にした直後、太平軍は二万人の兵力で北京に向けて北伐に出ますが、清朝のモンゴル人将軍センゲリンチン（僧格林沁）によって、一八五五年に全滅させられました。清朝軍についてはあとで述べますが、シナ本土は南と北では気候風土がまったく違い、太平軍は全員が南方出身者だったことも、北伐が成功しなかった大きな理由でしょう。

庶民には一夫一婦制を言いながら、諸王は『旧約聖書』における一夫多妻を理由に多数の妻を持ちました。天王となった洪秀全は多くの妃を持って宮中に閉じこもり、政権は、東王・楊秀清が取り仕切りました。天王・洪秀全といえども、天父のことばを伝える東王には逆らうことはできなかったのですが、一八五六年八月に天王が東王の宮殿に呼びつけられて叱られた半月後、北王の部隊が東王府を襲撃し、楊秀清以下あらゆる者を皆殺しにしました。そのあと天王は北王に反感を持つ翼王を動かして北王を捕らえて処刑し、その部隊を壊滅してしまいます。四カ月間で、東王、北王の配下の老若男女約四万人が命を失ったと言われています。翼王も身の危険を感じて天京を離れて行きました。

これは指導者間の内部抗争ですが、それでもまだ太平天国は崩壊しませんでした。

太平天国の終焉

一八五九年に、最初に信者になったあと蜂起には参加せず香港に行き、洗礼を受けてロンドン伝道会で働いていた、洪秀全の同族の洪仁玕（こうじんかん）が天京にやってきました。洪秀全は彼をただちに干王（かんおう）に任命し、洪仁玕は、香港や上海で得た知見をもとに『資政新篇（しせいしんぺん）』を書いて、郵便局や病院、工場、銀行など、西洋近代の制度を導入し、西洋諸国との交流を進める改革案を天王に提出しました。しかし、洪仁玕は軍功がないので他の人たちを説得できませんでした。

内部紛争で弱体化した後期の太平天国を支えたのは、英王・陳玉成と忠王・李秀成という、広西での挙兵以来苦闘を経験してきた、比較的若い世代の指導者でした。

英王は安徽省一帯の戦場で曾国藩率いる湘軍の進軍をくいとめ、忠王は長江下流域の江南に進軍し、上海を除く広大な地域を占領しましたが、江南の占領は、上海や寧波に拠点を置いて清への進出をはかっていた欧米列強の利害と鋭く対立することになりました。

あとで述べますが、第二次アヘン戦争（アロー戦争）ののち、一八六〇年に清朝と北京条約を結んだイギリスとフランスは、太平天国ではなく清朝を支持することにします。外国人が作った義勇軍とも戦うことになった太平軍は、だんだん占領地を奪い返され、六三年末には天京が包囲されました。

李秀成は天京を放棄して再起をはかることを進言しましたが、洪秀全はこれを拒絶し、雑草を甜露と称して食べ、服薬を拒んで病死しました。

洪秀全の死後、湘軍によって天京は陥落し、占領後、老人や子供を含めて二十万人が虐殺されたと言われていますが、実数は定かではありません。蜂起から鎮圧まで十四年もの歳月が流れたのは、同じ時期に、太平天国だけではなく、清朝のあちらこちらで事件が起こっていたからです。

中国の近代史で太平天国だけがとりわけ有名であるのは、最初に言ったように、二十世紀になってこの運動が共産主義の始まりだ、と位置づけられたこと、キリスト教に影響を受けたということが目立ったこと、南京を占領したため欧米列強によく知られたこと、開国したばかりの日本人もこの事件を直接見聞きしたこと、などのせいでしょう。

白蓮教徒の乱

ここで、太平天国以外にも、清朝の統治をゆるがすことになった反乱について簡単に触れておきたいと思います。まず最初のものは、清朝の最大版図を達成した乾隆帝が、祖父康熙帝の在位の記録を破らないために、在位六十年で帝位を息子の嘉慶帝にゆずったとたんに起こった白蓮教の反乱です。

第3章で述べたように、清朝の人口は、十八世紀の初めに一億の線を突破し、一七二六年には二億、一七九〇年には三億と増え続けました。東南アジアへ華僑が出て行ったのもそのためですが、国内でももちろん、奥地や山間部への移住が進みました。

四川省は、明から清への王朝交代のときに戦乱の被害を受けて、十七世紀半ばには人口が少なくなっていました。そこで、十八世紀になると湖北省など長江中流域からの移住が進みました。しかし、移住者のなかにも成功者と失敗者がいます。よい土地や商売の利権は成功した一族が独占し、その他の者たちは、四川・湖北・陝西の境界の山地で、トウモロコシ栽培や豚の飼育や炭焼きや小商いをして、貧乏な生活をしなければなりませんでした。こうした不安定な生活を送る移住者たちの間に白蓮教の信仰が広まります。

白蓮教は南宋時代からある、ゾロアスター教の影響を受けた終末論を説く宗教ですが、国家の保護がなく、頼れる組織が何もない人々が互いに助け合うための互助組織が、秘密結社になるのです。

シナでは秘密結社も、歴史的に北と南ではまったく違う系統です。北は白蓮教系の秘密結社で、一九〇〇年に山東省から北京に入った義和団（ぎわだん）もこの系統です。一方、南は天地会（てんちかい）で、イギリス人はこれを三合会（さんごうかい）と呼び、洪門（こうもん）とも呼ばれます。洪門というのは、会員は同族というたてまえで、共通の姓が洪なのです。

南の天地会もいろいろ分かれていて、洪門のなかの客家に伝わったものが、太平天国の上帝会になりました。孫文を初めとする国民党も天地会系で、のちの共産党の有名な将軍賀龍（がりゅう）の地盤の哥老会（かろうかい）も天地会の一つです。

話をもどして、清朝にとって白蓮教は禁止された「邪教」でしたので、白蓮教徒は官によって弾圧されました。追い詰められた人々は一七九六年に蜂起し、反乱は湖北省から陝西省・四川省に、さらには河南省・甘粛省にも広がりました。白蓮教徒たちは弥勒下生（みろくげしょう）を唱え、死ねば来世で幸福が訪れると考えて命を惜しみませんでした。反乱には各地の農民や塩の密売商人たちも加わり、数十万にのぼったと言われます。

清朝の正規軍は八旗（はっき）兵とモンゴル騎兵でしたが、草原での戦争ならともかく、このような農民反乱には不慣れでした。一方、緑営（りょくえい）と呼ばれて警察の役割を担うようになっていた漢族の兵隊は、腐敗がひどく、捜査の名目で農民から金銭の収奪を行なうなど、反乱軍の鎮圧にはまったく役に立ちませんでした。

それで清朝は、移住民のうちの成功者の子孫など、地元有力者の助けを借りることになりました。彼らは一族で結集しつつ相互に協力して、団練（だんれん）と呼ばれる自衛武装を行ない、そのおかげで清朝は、一八〇四年にようやく白蓮教の乱を鎮圧することができました。この団練が、太平天国の乱を鎮圧した地方の軍隊、郷団（きょうだん）へとつながるのです。

その後も、華北地域ではときどき白蓮教系の反乱が起こりました。一八一三年には八卦（はっけ）教の一派の天理教徒が蜂起し、宦官（かんがん）の手引きによって反徒が北京の紫禁城（しきんじょう）に侵入した事件があります。のちに道光（どうこう）帝として即位する嘉慶（かけい）帝の息子が防御に活躍して反乱は鎮圧されましたが、賊に宮中にまで入り込まれたことは、清朝に大きな衝撃を与えたのでした。

捻軍の乱

南方の太平天国と同時期に清に反抗した華北の武装勢力に、捻軍があります。「捻」は淮河北方の方言で、一本一本の糸をよりあげる、つまり人々の集まり、という意味です。

黄河は十九世紀前半まで、今のように渤海湾に流れるのではなく、南に流れて淮河に合流していました。その南に位置する安徽省は、江南（長江南方）と河南を結ぶ交通の要衝で、淮河流域の東側を南北に走る大運河が、江南の米を天津方面へ運ぶ大動脈です。

しかし、おもに小麦を栽培するこの地は、旱魃や洪水、イナゴの発生など、しばしば自然災害にみまわれ、農業の不振が続いていました。とくに水害が深刻でした。黄河は上流で流れ込んだ黄土を下流では大量に堆積させるために、氾濫が起こりやすいのです。

農民たちは、災害を受けたときは土地を離れて流浪し、塩の密売をし、ときには盗賊団に加わるなど、生き残るためには何でもします。村落は盗賊団から身を守るためには自衛武装しなければなりません。官による治安維持があてにならないとき、盗賊におそわれないためには、盗賊になりそうな者を手なづけて配下にするほうがてっとり早いのです。

このような武装集団どうしが抗争を始めると、どちらが掠奪しどちらが自衛しているのか、どちらが良民でどちらが匪賊なのか、という境界すら曖昧になってしまいます。捻子という武装集団はこうして生まれました。

一八五五年に黄河の堤防が決壊すると、山東省・安徽省北部・江蘇省北部の多くの農民が捻子となり、それらの集団が結集して組織化されたので、このあと捻軍と呼びますが、全体として統制のとれた反乱軍だったとは言えません。

平原地帯には、壕や壁に囲まれた捻軍の拠点としての村落が増えていきましたが、彼らは、毎年数回、拠点を出て掠奪に行き、官軍のいない場所を襲って官が来る前に帰ってしまうのです。自分たちとは縁のない村を襲って財産や食糧を奪い、老いた者や弱い者は殺し、少壮の者は脅して従わせるので、捻軍の人数は増え、拠点の周辺は広範囲に掠奪されて水も食糧もありません。清朝はこのような捻軍を鎮圧するのにたいへん苦労をしました。

一八六五年には、十年前には太平天国の北伐軍を全滅させた清朝のモンゴル人将軍センゲリンチンでさえ、捻軍と闘う中で戦死しました。

一八六四年に太平天国が滅びたあと、生き残りの諸王はこの捻軍と合流しましたが、あとで述べる、曾国藩や李鴻章や左宗棠などの郷団によって、一八六八年にようやく捻軍は平定されました。

雲南の漢族と回民の対立

十八世紀の人口急増によって、奥地へと移住していった人々の生存競争のための抗争は、西南の雲南省にもおよびました。

雲南はもともと漢族とは異なる言語と生活文化を持つ人々が多く暮らしていました。しかし十八世紀になると漢人が多数移住してきて、耕地の開発も進みました。雲南は銀や銅を産するため、鉱山も多数の移住民の働き場となりました。このような変化に清朝の行政は追いつかず、住民は自己防衛をするようになります。移住民は出身地ごとにまとまって住み、義兄弟のちぎりを結んで秘密結社を作る人もいました。

この地には十三世紀のモンゴル時代に西方から移住してきたムスリム、つまりイスラム教徒も多く住んでいました。彼らは回民（かいみん）と呼ばれましたが、漢語を話し、見た目は漢人とほとんど変わらなくなっていました。

十九世紀にはいるころ、雲南省西部で回民が関わる武力紛争がくりかえし起こるようになります。対立と緊張感のなかで、しだいに「漢」と「回」の対立の構図が明確になっていき、一八四五年には永昌府保山県で回民が大量殺戮（さつりく）されます。事件に対する地方官僚の処置に不満を抱いた回民の代表は、北京に赴いて直訴しました。

これに対処したのは林則徐(りんそくじょ)です。林則徐はアヘン戦争のあと、処罰として新疆(しんきょう)のイリに送られましたが、そののち再起用されて陝西巡撫(せんせいじゅんぶ)を務めていました。このあと雲貴(うんき)総督に任命された林則徐は、一八四七年、雲南の昆明(こんめい)に赴任し捜査を行ないますが、漢族と回民の相互不信はぬぐいがたく、捜査最中ですら、漢人による回民殺害が起こりました。林則徐が一八四九年に辞職したあと、雲南では大動乱が起こります。

北京に直訴した回民の一人杜文秀(とぶんしゅう)は、清の捜査が不満だったので、一八五六年に大理(だいり)をおさえて雲南西部を支配下に入れます。

雲南の鉱山業では、漢族と回民の双方が経営と労働にあたっていましたが、一八五〇年代にはいると漢・回の対立が増し、雲南南部において事態は紛糾していきました。攻撃を受けた回民は、馬如竜(ばじょりゅう)・馬徳新(ばとくしん)ら指導者のもとに団結します。馬という姓はムハンマド（マホメット）をあらわし、馬徳新は聖地メッカに巡礼した経験もありました。

一八五七年、馬如竜・馬徳新は昆明を攻め、雲貴総督を自殺に追い込みますが、清朝はこの二人を懐柔することにし、馬如竜は清朝の側に立って杜文秀と闘いました。

杜文秀が一八七二年末に自殺したあと、反乱が鎮圧され、ようやく二十年にわたる雲南の動乱が終わったのです。

清の地方行政―科挙官僚の支配の仕組み

清朝の地方行政で、日本と根本的に異なることがいくつかあります。その一つが、地方に派遣される中央官僚は、出身地には決して赴任できないという「本籍回避（ほんせきかいひ）」の制度です。また、地方官は「流官（りゅうかん）」と言って任地を次々に転勤するのがふつうで、同じポストに三年、四年とどまることは珍しかったのです。

それはなぜかというと、話しことばがわかる故郷に赴任すると、自分の一族と結託して私益に走り、国家に忠誠を尽くさないおそれがあるからです。また、赴任が長くなると、その土地の者と親しくなるので、癒着（ゆちゃく）が生まれることを避けようとしたのです。

この章の最初に説明したように、シナ大陸では昔から、同族で新しい土地に移住して村を作り、土地を開墾してきました。人々にとってもっとも大切なのは同じ姓を持つ宗族（そうぞく）で、その次に結婚関係がある一族になります。話しことばの共通語はまだない時代ですから、漢字ができる人だけが、別の地域に行ってもコミュニケーションが取れたのです。

郷紳（きょうしん）と呼ばれる地方の名門の一族は、地主階級でお金があります。一族のなかで頭のいい者には家庭教師をつけて「四書五経」を学ばせ、科挙の試験を受けさせます。殿試（でんし）（皇帝みずからが殿中で行なう最後の試験）に合格すれば、皇帝の側近にもなれますが、そういう人は故郷には帰ってきません。別の地方の県知事になって、他の土地に赴任します。

殿試までは行けなくても、郷試（各省都で行なわれる科挙試験）を受けるくらいの能力がある人たちは、赴任してきた県知事に雇われて小役人になったり、他省に出かけて商売する商人になったりします。漢字がわかる、こういう地方の知識人を郷紳と言います。読書人も同じような人を指すことばで、「四書五経」を読む人、という意味です。

中央から派遣されてきた県知事は、代官であり徴税官であり、裁判も行なう権力者ですが、基本的にその土地の話しことばはわかりません。それで、赴任先の郷紳階級を頼ることになります。郷紳の一族は名家で、家長はたいへんな権力者でした。彼らはたくさんの小作人を抱えて貧乏な小作人の保護もしていました。清朝の地方行政は、郷紳を結節点として、中央の支配が末端までおよんでいたのです。

ついでに巡撫と総督の話もしておきましょう。巡撫は明代には、必要に応じて地方に派遣される、民政・財政をつかさどる最高長官でしたが、清代になると、各省に一人置かれるようになります。総督は、一省もしくは二、三省に一人置かれました。

清の中期には、直隷・両江・閩浙・湖広・陝甘・四川・両広・雲貴の八つの総督が置かれ、直隷総督は北洋大臣を兼ね、両江総督は南洋大臣を兼ねました。これらは清朝末期にはともに外国との通商貿易に関する事務を総理し、それぞれ北洋軍と南洋軍を総括しました。

じつは、巡撫と総督の業務は重なっているのです。つまりシナの文化では、皇帝が任命した官僚といえども全幅の信用を置いているわけではなく、同じことを別の者からそれぞれ報告させて、皇帝が自分で判断できるようにしていたのです。

団練から郷団へ—軍閥の起源

さて、話を太平天国の蜂起のころに戻します。一八五〇年に即位したばかりの咸豊帝は、引退していた林則徐を起用して欽差大臣とし、太平天国軍の鎮定を命じましたが、林則徐は広西に行く途中で病死してしまいます。このように清朝の対応が遅れるなかで、太平天国は勢力を拡大することができたのです。

南方の太平天国だけでなく、華北の捻軍やら西南各地の蜂起やら、あちらこちらで起こった戦乱に対処するため、清朝政府は、半世紀前の白蓮教の乱を鎮圧するのに役立った民間の武装自衛組織である団練を、ふたたび活用することを考えました。

団練はもともと地元の警備を任務とするだけでしたが、このあと反乱軍の鎮圧に活躍する曾国藩が編成した郷団は、話しことばが互いにわかる者たちを集めた地方軍で、地方税の一部を軍資金にあてる権利を清朝から認められ、他の土地にまで遠征しました。清朝の正規軍である満洲兵とモンゴル旗兵と漢人の緑営が反乱軍を鎮圧できなかったため、漢人官僚である地方の総督や巡撫の権力が拡大しました。これがのちの軍閥の起源となったのです。

清末の代表的な学者官僚として知られる曾国藩は、一八五二年、科挙の試験監督責任者として江西省におもむく途中、母が亡くなったために郷里の湖南省に帰り喪に服していました。ちょうどその頃、太平天国軍が湖南省の長沙を攻撃し、さらに武昌に進もうとしたのです。

咸豊帝から、湖南で団練を編成するように命じられた曾国藩は、地元で「四書五経」を学ぶ読書人に呼びかけ、自分の弟子を中心に師弟関係のきずなで結ばれた者たちを幹部とし、僻地の山村から素朴な青年を選んでその指揮下に入れました。湖南の別名にちなんで湘軍と呼ばれます。

湘軍にならって李鴻章が郷里の安徽省で編成した郷団を淮軍と言います。左宗棠は曾国藩の湘軍を引き継ぎましたが、自分自身の軍隊を楚軍と呼びました。

曾国藩は、寺院を襲撃し神像を破壊する太平天国を、シナの伝統的な価値観への空前の挑戦と位置づけ、地方の読書人に決起をうながす檄文を発します。そこには寄附をつのるために官位を売ることも記されました。つまり国から売官を許可されたわけです。

清朝の正規軍ではない軍隊の費用をどうやってまかなうか、ということは大問題でした。一八五三年に始まった釐金(りきん)は、商品に流通税を課して軍費とし、太平天国と捻軍の鎮圧のための重要な資金源となったのですが、現場にまかされていた釐金は、戦乱が終息したあとも廃止されないで残りました。地方財政が中央の統制を受けなくなったということを意味します。地方の郷団の「就地自籌(しゅうちじちゅう)」(駐屯や進軍に必要な経費を現地調達してよい)の許可を、乱が鎮圧されたあと清朝は取り消そうとしましたが、すでに軍隊の既得権益となっていたこの慣習を完全に廃止することはできなかったのです。

太平天国平定の最大の功労者だった曾国藩は両江総督に任命され、江南の軍事と地方行政の総責任者として大きな権限を持つようになりましたが、清朝皇帝に忠誠を誓う姿勢を明らかにするため、太平天国が滅びると、みずから育ててきた湘軍を解散してしまいます。

二十世紀になって太平天国を共産主義の始まりと持ち上げた中国人は、曾国藩を漢奸(かんかん)首斬り役人と悪口を言いましたが、最近では彼の評価の見直しが始まっているということです。

曾国藩によって長江下流の戦線をゆだねられていた李鴻章は、はじめ江蘇巡撫に任命され、一八六五年には両江総督代理となります。やはり曾国藩によって浙江から福建にかけての戦場をゆだねられた左宗棠は、一八六三年に閩浙(びんせつ)総督となり、フランス人の義勇軍と協力関係に入りました。

左宗棠はこのあと、湘軍を率いて西北のイスラム教徒の反乱と新疆のヤークーブ・ベグの乱を鎮圧し、漢人が辺疆の統治に関与する端緒を開きました。一八八四年の新疆省の設置が、大清帝国の性格を根本から変えました。それまでは満洲人がモンゴル人と連合してシナを統治し、チベット人とイスラム教徒を保護する建前だったのが、これから満洲人が連合の相手を漢人に変えて、「満漢一家」と言うようになるのです。

李鴻章は直隷総督・北洋大臣に就任して日本に対峙することになりますので、あとで詳しく述べます。

小刀会の蜂起と租界

太平天国の乱と同じ時期、清朝は、イギリス、フランスとの間で第二次アヘン戦争（アロー戦争）を戦うことになります。ここからは清朝の対外関係について見ていきます。

話をまた少し戻しますが、第3章で述べたアヘン戦争の結果、一八四二年に結ばれた南京条約では、カントン（広州）、厦門、福州、寧波、上海の計五港が開港され、各港にはイギリス領事が駐在し、イギリス商人が自由に安全に居住し、商業に従事し得ることが決められました。

上海では一八四三年、まずイギリス領事が上海県城の中に自分が住む家を借りました。このあと、県城から少し北に離れた黄埔江と蘇州河が合流する地点に近い一角が外国人の住む土地となり、一八四五年の土地章程(しょうてい)で、外国商人が自治的に都市建設と衛生・治安の管理を進めることが規定されました。これが租界(そかい)の始まりです。

太平天国の乱が起こると、上海でも一八五三年九月に水夫や密貿易商人を中心とする天地会系結社の小刀会(しょうとうかい)が蜂起し、清朝が派遣した地方長官の上海知県を殺害し、上海県城を占拠しました。彼らは「反清復明」をスローガンとし、天京へ使者を送って太平天国との連携を試みますが、太平天国は応じませんでした。

上海租界の外国人は戦乱に巻き込まれないよう中立を宣言しますが、県城の周辺一帯は焼かれ、多数の難民が租界に逃げ込み、税関も焼失したため、イギリスとアメリカの領事館が自国商人からの関税徴収を代行することになります。

租界の安全確保のために、イギリス、アメリカ、フランス三国の領事が協議して、一八五四年に第二次土地章程を定めました。フランスは清軍を助けて小刀会を上海から掃蕩(そうとう)し、一八六一年にフランス人の居留地区として単独のフランス租界を獲得します。他の外国人も共同租界を要求して、一八六三年に英米租界が国際共同租界となりました。

小刀会の反乱以前には、租界に居住するシナ人は五百人ほどでしたが、反乱による難民の流入が黙認されたことによって、一年後には二万人を超えました。小刀会の占拠は一年半で終息しましたが、そのあとも太平天国の戦乱を避けて上海に避難する人々は増加するばかりで、一八六五年には上海の人口は五十五万人に達し、租界の人口も十五万人になりました。

上海が海外貿易によって発展すると、貿易に課税する税関の役割が大きくなります。イギリスが一時的に関税徴収を代行したことから、清朝の海関が外国人を雇用し、貿易量を正確に把握して徴税する機構が取り入れられるようになりました。この外国人税務司制度は清朝全体に広がり、それらを統括する総税務司という役職も設けられ、海関の収入が清朝の財政に大きく貢献するようになっていくのです。

第二次アヘン戦争（アロー戦争、一八五六～六〇年）

一方、カントン（広州）は、アヘン戦争中から排外風潮が強く、一八四二年に締結された南京条約第二条には、開港された五港にイギリス臣民が自由に安全に居住し得る、とあったのに、その中に広州府城は含まれないとして、官憲が外国人の入城を拒否していました。同年十二月には広州英国商館焼き討ち事件も起こります。

アヘン戦争後、清朝から割譲された香港の総督がイギリス全権の役割を果たしましたが、香港総督と対等の交渉相手となったのは、清朝から欽差大臣に任命された両広（広東・広西）総督でした。ところが、両広総督は皇帝の意向を確かめないと何も決められず、カントンと北京の通信には片道十五日はかかりました。イギリス側は、ヨーロッパの条約体制の常識通り、外交使節を首都の北京に常駐させて、中央政府と直接交渉することを強く望むようになります。このような状況のなかでアロー号事件が起きたのです。

一八五六年十月、カントンの珠江（しゅこう）に停泊中だったアロー号が海賊の容疑で清朝官憲の立ち入り検査を受け、シナ人船員十二名が拘束されました。三名は海賊容疑で逮捕され、八名は釈放されたのですが、のちに駐日公使となるイギリスのカントン領事パークスは、このとき香港籍だったアロー号の掲げていたイギリス国旗が引きずり降ろされたと主張し、それはイギリスへの侮辱だと抗議しました。船はもともと海賊船だったもので、香港船籍は期限切れとなっており、国旗が降ろされたかもはっきりしません。パークスの抗議は戦争の口実を作るための言いがかりでした。

アヘン戦争後も、イギリスの期待に反して綿製品も毛織物も清朝ではたいして売れませんでした。一方、清のアヘン流入は増える一方で、イギリスは相変わらず茶を輸入してアヘンを輸出するという貿易を続けることになりました。イギリスはアヘン貿易の合法化を望んでいたのです。

アヘン戦争のときに外相だったイギリス首相パーマストンは、このアロー号事件をきっかけに、軍事力を用いて条約を大幅に改正しようと試みます。同年五月にはイギリスの植民地下のインドでセポイ（インド人傭兵）の蜂起が起こり、ムガル皇帝をおしたてた大反乱に発展していましたので、イギリス遠征軍の到着は遅れましたが、イギリスはナポレオン三世治下のフランスに共同出兵を持ちかけ、第二次アヘン戦争（アロー戦争）が始まったのです。

ロシアとアメリカもイギリス政府から共同出兵を要請されますが、両国は出兵には同意せず、戦後に予定された条約交渉にだけ参加することを決定します。

一八五七年十二月末に英仏連合軍は広州を占領し、翌年一月には排外派と見なされていた両広総督の葉名琛（ようめいしん）を捕らえてインドに送りました（葉は護送先のカルカッタで客死します）。続いて英仏軍は清の中央政府に圧力を加えるために海路を北上して渤海湾にいたり、一八五八年五月には天津に近い大沽（タークー）砲台を占領しました。あわてた清朝は和平交渉に入り、六月に英・仏・米・露との間で天津条約が締結されました。

その内容は、公使の北京駐在、キリスト教布教の承認、内地河川の商船航行の承認、英仏に対する賠償金と、アヘン輸入の公認でした。

ところが英仏軍が退去すると、清朝政府のなかで主戦派の立場が強くなり、一八五九年六月、天津条約を批准するために天津から北京へ向かっていた英仏艦隊が、防衛の責任者だった欽差大臣センゲリンチンによって大沽砲台から砲撃されました。

これに怒った英仏両国は、一八六〇年八月、報復のために約一万七千の兵力と軍艦二百隻か

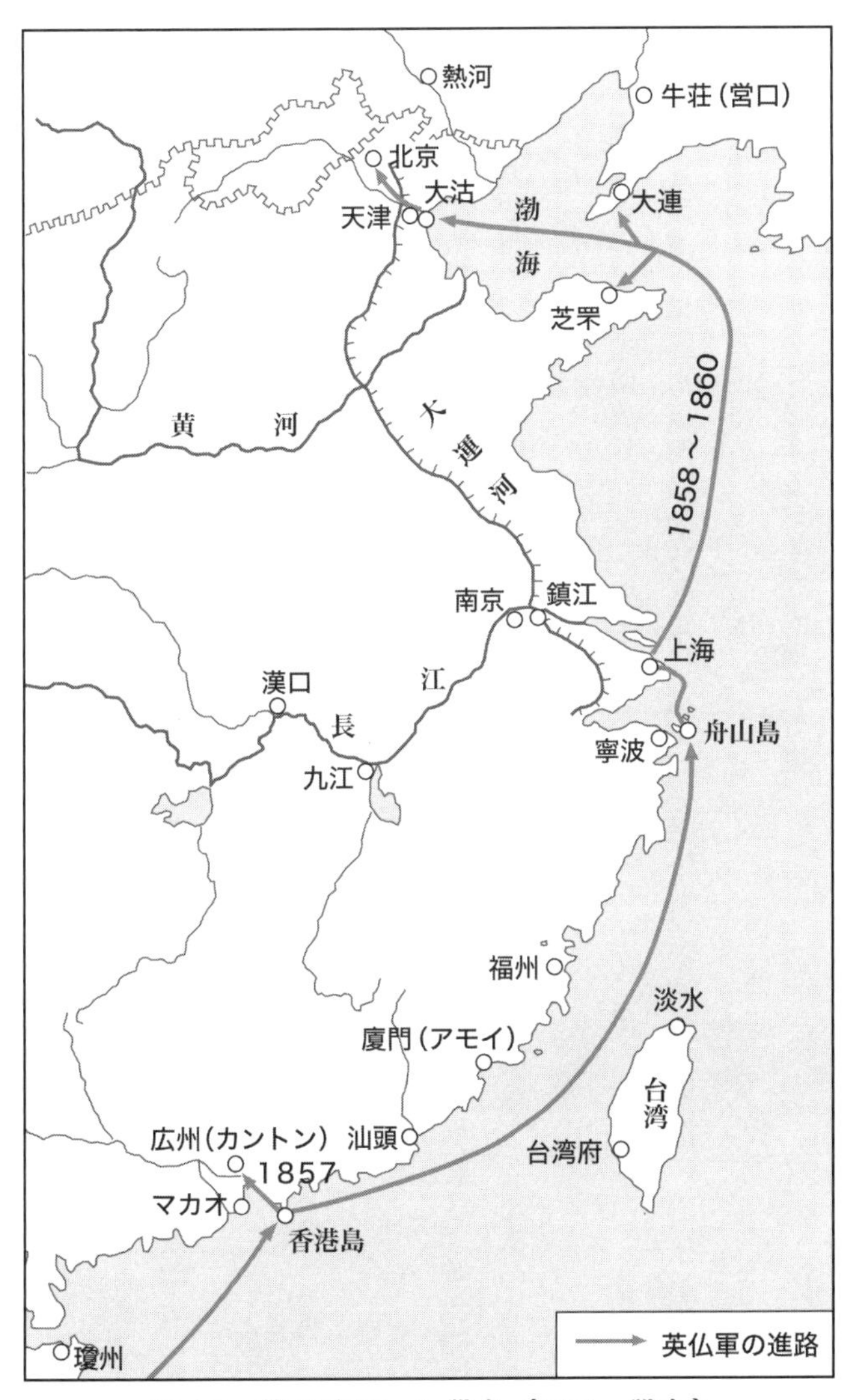

図12　第2次アヘン戦争（アロー戦争）

らなる大遠征軍を派遣して大沽砲台を占領し、清朝との交渉にあたりました。しかし、パークス領事をふくむ英仏人が咸豊(かんぽう)皇帝の指示によってセンゲリンチンに囚われ、十一名が殺害されるという事件が起こったため、北京に進軍した英仏連合軍は、十月、報復として北京郊外の円(えん)明園(めいえん)という美しい離宮に侵入し、貴重な財宝を掠奪したあと、その事実を隠蔽するために徹底的に破壊し離宮を焼き払ったのでした。

北京条約(一八六〇年)

熱河に避難した咸豊帝に代わって、北京に残って交渉にあたった恭(きょう)親王奕訢(えききん)は、英仏の要求に屈服せざるを得ず、北京城内で調印された北京条約は、天津条約を基礎として次のような内容が取り決められました。

一、英仏両国への賠償金の支払い。

二、北部では天津、牛荘、登州(のち芝罘(チーフー)に変更)、長江沿岸の漢口(かんこう)、九江、鎮江、南京など十一カ所のあらたな開港。

三、外国人の商業活動を保障する自由な内地旅行権。

四、二・五パーセントの特別税を払うことによる、輸出入品に対する内地通過税の免除。

五、中央政府との直接交渉を可能とする外交使節の北京常駐権。
六、華僑(かきょう)の海外渡航容認。
七、九龍(カウロン)半島のイギリスへの割譲。
八、一八五三年に上海で始められていた外国人税務司制度の全開港場への適用。
九、公文書に外国への蔑称(べっしょう)である「夷(い)」の文字を用いないこと。
十、アヘン貿易の合法化。

このほかフランスとの条約ではキリスト教の内地布教権が認められました。

当時の清朝は太平天国の乱に苦しんでおり、その鎮圧に必要な軍事費をアヘン課税で補うために、ついにアヘンの合法化に踏み切ったのです。これによって、官僚、宦官、兵隊以外の一般民間人のアヘン吸引は原則として解禁されました。

諸外国が獲得したいろいろな権益は、アヘンの合法化以外に、外国使節の北京常駐権のような、イギリスがとくにアヘン戦争後に強く望んでいたものでした。だから、アロー号事件をきっかけとして始められたこの戦争は、第二次アヘン戦争と呼ぶのがもっともふさわしいのです。

円明園の掠奪にも参加したイギリス軍人ゴードンは、このあと李鴻章（りこうしょう）のもとで太平天国鎮圧に活躍することになります。時代を少しさかのぼって英仏と太平天国の関係について見ておきましょう。

太平天国と欧米列強

太平天国が南京を占領したころは、キリスト教を信仰しているということもあって、イギリスをはじめとする外国は中立の立場を取っていました。イギリスの香港総督ボナムは、一八五三年、建国まもない天京を訪問しています。しかし太平天国側は、イギリスが帰順してきたものと見なしました。太平天国の考え方では、同じ上帝を信仰するイギリス人は「洋兄弟」であるが、それはイギリス人も天王洪秀全の臣下だということを意味しました。

このあともイギリス人、アメリカ人、フランス人が天京の様子を調べに行きましたが、太平天国側には条約などという考えはまったくなく、清朝政府以上に手ごわい相手でした。

太平天国に従軍したリンドレーのようなイギリス人もいましたが、イギリスやフランスにとって、貿易拠点としての上海の防衛が当面の目標になりました。はじめ上海の官僚と商人が資金を出して西洋式の銃と大砲をそなえ、租界にいた外国人を傭兵として、アメリカ人ウォードに指揮させた洋槍隊が、翌年には現地のシナ人四、五千人を徴兵し、のちに常勝軍と呼ばれるようになります。

一八六〇年の北京条約で清朝に権益を認めさせたイギリスとフランスは、清朝を支持することに方針を変えます。常勝軍のウォードが戦死し、その後任者が太平天国に寝返ったあと、イギリス人は前述のゴードンを常勝軍の指揮官として推薦し、ゴードンは巧みな戦術で太平天国を追いつめていきました。湘軍を率いて浙江で太平天国軍と戦っていた左宗棠も、イギリスやフランスの助けを受けました。

常勝軍の成功にならい、各地に常安軍や定勝軍などができました。同じシナ人でも洋式の軍隊装備をすれば強くなれるということが証明されたので、曾国藩らは軍隊の近代化に乗り出すことになります。つまりこれが、次の章で詳しく述べる洋務運動の原点です。

ロシアの黒龍江進出と沿海州獲得

清朝が南方で太平天国に苦労し、英仏の圧力を受けていた間に、もっとも利益を得たのはロシアでした。一六八九年のネルチンスク条約で黒龍江（アムール河）から閉め出されたロシアは、カムチャツカから北アメリカに進出していきました。十九世紀初めまでサハリン島は半島と考えられており、黒龍江の河口は浅瀬で、海へ出入りできないとされていたのです。

黒龍江にロシアの船を航行させたいという希望はすでに十八世紀からありましたが、清に拒絶されていました。あきらめきれないロシアのニコライ一世は、一八四七年にムラビヨフを東シベリア総督に任命し、現地調査をさせました。軍用船バイカル号は、サハリンは半島ではなく島であり、

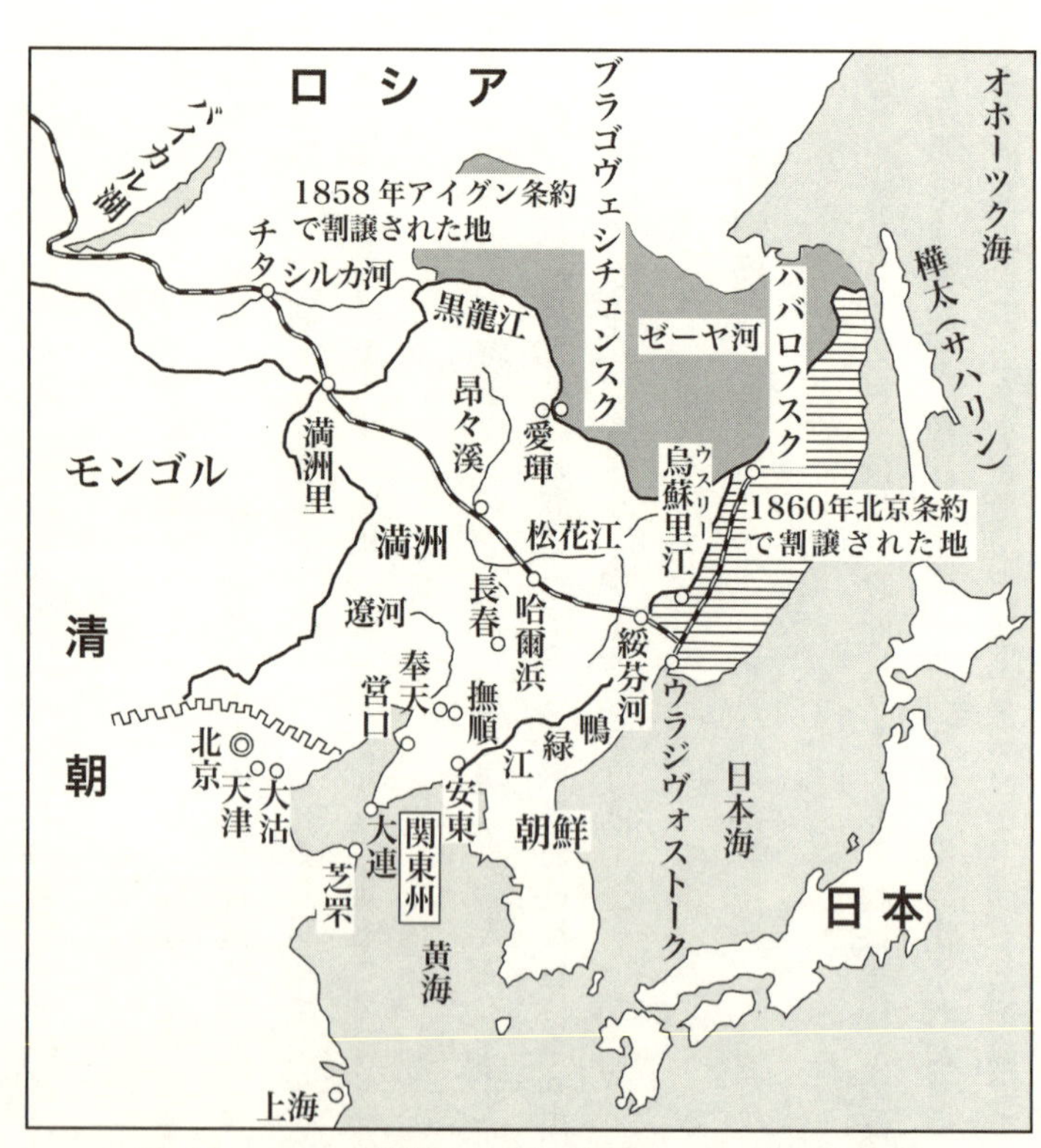

図13 ロシアが清から奪ったアムール州と沿海州

黒龍江口も海から出入りできることを確認し、一八五〇年に河口から三十五露里さかのぼった地にニコラエフスク哨所を設けました。ロシア国内の反対意見に対して、ニコライ一世は「ひとたびロシア国旗を掲げた以上は、決してこれを撤去してはいけない」と勅語を下したのです。

一八五三年十一月、ロシアとトルコが開戦すると、翌年三月英仏がトルコ側に立ってロシアに宣戦布告をし、クリミア戦争が始まりました。英仏海軍がアジアのロシア領を攻撃するかもしれないと考えたロシアは、軍隊輸送について清から許可のないまま、一千の兵を載せた船団をシルカ河から出発させ、黒龍江の下流まで航行し沿岸に植民を行ないましたが、一八五一年に始まった太平天国の乱に忙殺されていた清朝は、これを黙認してしまったのです。

実際に一八五四年と五五年に英仏艦隊はカムチャツカに上陸しました。一八五六年にクリミア戦争が終結すると、イギリスの脅威はなくなりましたが、ムラビヨフはさらに黒龍江占領の政策を推進していきました。一八五五年には三千人、五六年には千六百人と黒龍江沿岸に植民を進め、一八五七年には、アムール州と沿海州を設置し、事実上この地域をロシア領にしてしまったわけです。

一八五八年、アイグン（愛琿）で清とロシアの国境画定会議が開かれたとき、ロシア側は黒龍江をイギリスから守るために、黒龍江左岸の地とウスリー（烏蘇里）江右岸の地をロシア領として認めるように清に要求しました。停泊中のロシア軍艦からは銃砲が乱射され、調印しなければロシアは武力をもって黒龍江左岸の満洲人を追い払うと脅迫したので、ついに清朝側の満洲大臣は屈服し、こうしてロシアは黒龍江の北の六十万平方キロの地域を獲得したのです。

ロシア語と満洲語とモンゴル語で書かれたアイグン条約の要点は次のようなものです。

一、アルグン河から黒龍江の海口に至る左岸はロシア領、ウスリー江に至る右岸は清領、ウスリー江から海までの右岸（沿海州）は両国の境界が決定されるまでは共有地とする。

二、黒龍江、松花江、ウスリー江を航行してよいのは露清の船舶だけである。

三、両国人民はお互い貿易してもよい。

このときになぜこれほど広大な地域がロシア領になったのかという問題ですが、ロシアとしては、黒龍江の地はもともとロシア領だったのに、ネルチンスク会議で清の圧力に屈して譲ってしまったと考えていました。一方の清は、英仏と戦って敗北を喫したばかりで、ロシアと戦う余力はなかったうえ、清の全権である満洲大臣たちが、ネルチンスク条約にある未画定国境の河や山について知識がなく、松花江が黒龍江の本流であるとさえ思っていたからです。清朝政府はアイグン条約を承認する代わりに、ロシアのプチャーチンに英仏との交渉の斡旋（あっせん）を頼むというだらしなさでした。

前述のように、一八五八年の天津条約のあと、皇帝の後ろ盾を得た清の主戦派が大沽（タークー）の砲台から英仏全権を攻撃したので、英仏軍は大沽の砲台を攻め落とし、北京で円明園を焼き払いました。皇帝は熱河に避難し、和平派の恭親王は、ロシアのイグナチェフに対して、英仏と講和が締結されたあかつきにはロシアの条件を全部呑むから、と斡旋を頼んで北京条約締結にいたったのです。

このとき、ウスリー江東岸から日本海に至る四十万平方キロがロシアのものとなりました。これが今の沿海州です。

第3章の最初で説明しましたが、清朝はロシアとだけは十七世紀のネルチンスク条約以来、対等な国家同士としてつき合っていました。満洲人にとってモンゴル人は親戚で、モンゴル人にとってロシア人はチンギス・ハーンの時代からの親戚です。清朝の支配層にとっては、イギリスやフランスよりもロシアのほうが信頼できたのです。ところが、ロシアはすでに近代化を始めており、力関係は逆転していました。ロシアはこれからあと、清に対する軍事援助まで行なうようになります。

外務省にあたる総理衙門を作る

一八六〇年の北京条約で、諸外国の外交使節の北京常駐権を清朝政府が認めました。これにより、一八六一年には、外務省にあたる総理各国事務衙門（略して総理衙門（そうりがもん））が北京に設置されます。それまで西洋諸国との交渉は、礼部と理藩院の管轄で、「朝貢」の一環だったわけです。
理藩院というのは、モンゴルやチベットや新疆など「藩部」（清朝をとりまく垣根という意味）と呼ばれた地域との交渉を取り扱う役所です。イギリスやフランスは、清朝にとって、このときまでモンゴルやチベットやイスラム教徒と同じ扱いだったのです。このことから、第3章で述べたように、「一八四〇年に起こったアヘン戦争から、中国の近代史は始まった」わけではないことがおわかりいただけると思います。

同じく北京条約には「公文書に外国への蔑称である〝夷〟の文字を用いないこと」とあります。アヘン戦争から二十年たっても、イギリスは「英夷」（イギリスという野蛮人）と呼ばれていたわけです。このことからも「屈辱の近代はアヘン戦争から始まる」という中国史が作られたのは、清朝が滅びたあとの二十世紀になってから、それも中華人民共和国の歴史観をそのまま取り入れたものだということがわかります。

北京条約を決めたのは外国に対して協調的な恭親王奕訢でしたが、清はそれでもまだ、総理衙門を英仏の圧力で創設した臨時の役所と見なしていましたので、諸外国の北京駐劄公使に皇帝への謁見をなかなか許しませんでした。

一八七三年、同治帝の親政が開始され、ようやく外国公使の清朝皇帝への謁見が行なわれることになりましたが、あいかわらず清朝政府は、朝貢の際と同じく三跪九叩礼をするよう公使たちに求めます。各国公使たちはもちろんこれを拒み、結局、鞠躬（身をかがめる敬礼）におちつくのです。

同年六月、たまたま日清修好条規の批准書交換のために訪清していた日本の外務郷副島種臣は、全権大使の資格を帯びていたことを理由に、欧米諸国の公使に先んじて単独で清朝皇帝に謁見しました。その際の敬礼は、列国公使が鞠躬五回だったのに対し、大使の副島は日本で外国公使が天皇に謁見する場合と同じ、鞠躬三回だけを行なったのでした。

このとき謁見が行なわれた場所は、まだ朝貢使節の引見に使用される紫禁城外の紫光閣でした。日本と日清戦争を戦う一八九四年になって初めて、紫禁城内の文華殿で謁見が行なわれ、謁見儀礼から朝貢的意味合いが完全になくなったのです。

第5章

洋務運動と日本の明治維新――清はなぜ日清戦争に負けたのか

この章では、近代化を目指したはずの洋務運動が、なぜ清の衰退をとどめる結果にならなかったのかを、明治維新後の日本と比較しながら解説します。アヘン戦争の衝撃ではなく、日清戦争に負けた衝撃により、清国はいよいよ近代化へ乗り出すのです。

洋務運動

第4章で述べたように、第二次アヘン戦争に敗れた結果、清朝は欧米列強に対して「野蛮人」という意味の「夷(い)」を使うことをやめさせられました。それまで対外関係一般に関わることを「夷務(いむ)」と呼んでいたのを、このときから「洋務(ようむ)」と呼ぶようになるのです。

洋務運動とはつまり清朝の西洋化のことですが、おもな担い手は、曾国藩(そうこくはん)、李鴻章(りこうしょう)、左宗棠(さそうとう)ら、太平天国の乱の討伐にあたった清の将軍たちでした。武器、弾薬、船舶などの西洋近代文明の威力を見せつけられた彼らは、このあと兵工廠や造船所などを設立します。

曾国藩によって長江下流の戦線をまかされていた李鴻章は、一八六五年、両江総督代理となり、上海(シャンハイ)租界(そかい)にあったアメリカ人の工場を買い取って江南製造局という兵器工場としました。このあと、曾国藩がイェール大学を卒業した容閎(ようこう)に依頼してアメリカから購入した機械とあわせて、一八六七年、工場は上海県城の南に移転しました。この江南機器製造局では、艦船、大砲、銃、弾薬などが作られました。

同じく曾国藩によって浙江から福建にかけての戦場をゆだねられた左宗棠は、一八六三年に閩浙総督となり、太平天国を鎮圧するのにフランス義勇軍と協力した縁で、フランス人のジケルとデグベルを招いて、一八六六年、福州船政局を設立しました。ここではおもに軍艦の製造が行なわれ、付属の船政学堂では外国語や航海術が教えられました。

その後、一八七〇年に直隷総督・北洋大臣に就任した李鴻章は、総理衙門の提議で設置された天津機器局という兵器工場を拡充し、一八七二年には、上海に輪船招商局というシナ最初の汽船会社を設立しました。さらに一八七九年には、上海機器織布局という紡績工場も設立しました。

軍事工業から始まった洋務運動は、このように運輸業や紡績業などにおよび、やがて、鉱山開発や電信設備の導入など洋務の範囲は広がっていきましたが、これらはすべて強兵のためで、しかも国家に所属する軍隊ではなく、各将軍の私兵を強くするためでした。

清朝の近代海軍も一八六〇年代に始まりました。渤海、黄海の北洋海軍、上海周辺の南洋海軍、福建および広東の海軍の三つがありましたが、主力は北洋海軍で、一八八八年には購入した外国船を中心に「艦隊」編成がなされました。海軍形成の財源は、江蘇、浙江、江西、湖北の各省の釐金（太平天国のときに始まった通行税）と、上海、広東、牛荘などの関税（二百万両）で、うち百万両強が軍艦購入にあてられました。

中体西用

「中体西用」ということばは、精神は中国のままで物質の面だけ西洋を摂取するという意味です。このときの「中国」は、二十世紀に誕生した国民国家としての中国ではなく、清朝の支配層である満洲人のことばで「ドゥリンバイ・グルン」つまり「まんなかの国」という意味です。満洲人は、自分たちの故郷の満洲と、明の旧領をあわせて「中国」と呼びました。これに対して、モンゴルやチベットやトルコ語を話すイスラム教徒が「トゥレルギ」です。このことばは「そと」という意味で、漢字で「外藩」（外の垣根）あるいは「藩部」と書きました。

注：清朝の漢字を使う人たちにとっては、海の向こうのヨーロッパが西洋で、同じく海をへだてた日本が東洋でした。明治以来、日本人にとって、東洋史といえばシナを中心としたアジア史のことですが、中国人が東洋史というときは日本史なのです。

「中体西用」はよく日本の「和魂洋才」と比較されます。「和魂洋才」の意味は、日本古来の精神を失わずに西洋の学問や知識を摂取し、技術を活用するというものです。ところが、シナが日本と大きく違っていたのは、儒教を学ぶ漢人の読書人にとって、科学技術の習得は「末」と位置づけられたということです。なぜなら、儒教の考えでは、手足は頭の命令で動くものだから、頭が一番偉い。偉い人は頭を使うだけでよくて、汗を流して労働をするのは偉い人に使われる下層階級です。物を作るのは下々の人間のすることで、だから偉い人は技術など知らなくていいと考えたのです。

読書人とは儒教の教典である「四書五経」を読む人という意味ですが、古代からの敬称として「士大夫」とも言います。彼らは、キリスト教に対抗して、儒教にもとづく伝統的な社会道徳を守ることこそが士大夫の使命だと考えました。清朝では中央政府の官僚のなかでも、洋務派にくらべて、このような保守派のほうが圧倒的に数が多かったのです。

北京条約を結んだあと、洋務の中心として一八六一年に設置された総理衙門は、一八六二年には、英語、フランス語、ロシア語の教習を行なう同文館を北京に設置し、一八六六年には、同文館に天文学と数学を学ばせる特別課程を作るよう提言しました。しかし、学生募集をして教育を始めたものの、良い学生が集まらなかったので、特別課程は一年で同文館に合併されてしまいました。外国の知識を取り入れることに対して強烈な反感を示す官僚たちがいたせいです。

一八六五年には、アメリカの外交官で学者でもあるホイートンが国際法について述べた書物の漢訳である『万国公法』が総理衙門によって刊行されました。しかしながら、総理衙門自身が「我が邦の制度と比べてみると、すべて合致するというわけではないが、なかには取るべきところもある」と述べていて、自分たちは万国公法に拘束されるとは考えていません。一八六四年に大沽（ターク－）の近くでプロイセンの船がデンマーク船を拿捕（だほ）した事件のときには「ヨーロッパの定めた軍法は我が邦の知るところではない」と反論していますから、新たに生まれた外務省にあたる総理衙門ですら、自国もふくめてのっとるべき国際規範の存在を否定していたわけです。これが、たとえ不平等条約でも国際規範を受け入れ、国際社会のつきつけた条件をすべて満たして、五十年以上かかってようやくすべての不平等条約を解消した、幕末以来の日本の姿勢とは、まったく異なる点です。

西太后はどのようにして実権を握ったのか

ここで清朝皇帝の系譜について、最初から整理しておきましょう。万里の長城の北で一六三六年に清朝が建国されたときの皇帝は、第二代ホンタイジで、これが太宗です。その父ヌルハチの生きた時代にはまだ清朝はありませんが、さかのぼって初代太祖皇帝と呼ばれます。

　一六四四年、明が滅びたあと北京に入ったのが太宗の息子の第三代順治帝で、その息子が第四代康熙帝です。その息子の第五代雍正帝、さらにその息子の第六代乾隆帝の三代が清の最盛期です。乾隆帝のときに版図が最大になりました。

　乾隆帝が息子の第七代嘉慶帝に位をゆずった一七九五年に白蓮教の乱が起こりました。その息子の第八代道光帝の時代にアヘン戦争がありました。道光帝は、穏やかな性格の第四子を後継者に選びました。これが第九代咸豊帝で、西太后はその妃です。一方、道光帝は、才気あふれる第六子を、臣下としては最高の地位にあたる親王とする遺言を残しました。これがのちに政治的に大きな役割を果たす恭親王奕訢です。

　西太后は一八三五年、満洲旗人イェヘナラ氏の娘として北京で生まれ、一八五二年、数え十八歳で後宮に入りました。太平天国運動が起こった翌年です。一八五四年、西太后は咸豊帝から懿嬪（嬪は后妃の序列第三位）の名を与えられ、五六年にのちの第十代同治帝を産み、その功によって翌年懿貴妃（貴妃は后妃の序列第二位）となりました。咸豊帝の皇后には、実子はありません。

　咸豊帝は、第二次アヘン戦争でイギリス・フランス軍が北京を占領したとき、熱河の離宮に逃れて、一八六一年、ここで三十一歳で亡くなりました。咸豊帝は、ともに熱河に避難した重臣の怡親王載垣、軍機大臣・鄭親王端華、御前大臣・粛順らに後事を託したのですが、柩が北京に戻ってきたとき、亡き帝の弟の恭親王奕訢が、幼い皇帝の実母である西太后と組んでクーデターを起こしました。載垣と端華には自刃の命がくだり、粛順は北京郊外の刑場で斬首されました。

粛順は、狡知（こうち）に長けた政治家であるだけでなく先見の明があり、漢人官僚を重視し、曾国藩の湘軍を太平天国との戦いの前線に立てて長江下流域の戦場をゆだねました。このことで、無能あつかいされた満洲人やモンゴル人支配層の反感はつのりました。また、政敵の大学士が主任試験管をつとめていた科挙の不正を摘発し、その大学士を極刑に処したり、綱紀粛正（こうきしゅくせい）をはかるために財政の腐敗を摘発するふりをして、じつは減刑を求めて差し出される莫大な賄賂（わいろ）を取るなど、皇帝の側近として権勢をふるったので、恨みを買っていました。

しかし粛順が除かれた最大の理由は、なみはずれて利発で野心的な女性だった西太后との、皇帝の側近をめぐる権力争いだったと言えるでしょう。

辛酉（しんゆう）の政変と呼ばれるこのクーデター後、咸豊帝の皇后である東太后と、幼帝の実母である西太后が、「垂簾聴政（すいれんちょうせい）」（御簾（みす）を垂らしたうしろで政治をとる）と言われる摂政政治を行ない、恭親王奕訢は議政王大臣という称号を与えられて軍機処を主宰しました。新たに対外関係を管轄する官庁として設置された総理衙門も恭親王が責任者となりました。こうして二人の太后の聴政にちなんで、同治（ともに治める）と年号が定められたのです。

西太后はなぜ有名なのか

西太后は満洲人で漢人ではありません。シナ大陸では古来たくさんの王朝が交代しましたが、王朝を建てた種族の四分の三は北方出身です。五胡十六国のあとの南北朝時代に北魏を建て、その将軍が隋・唐の皇帝になった鮮卑族は、満洲北部の大興安嶺山脈から南下した種族でした。

北方の遊牧民や狩猟民は、君主が死んだとき、一族や家来たちは遠くに離れていることが普通なので、とりあえず君主の妻が政治を預かることが多いのです。これを「監国皇后」と呼びます。そのあと各地に知らせを出して家臣たちを呼び寄せ、よい季節に大集会を開き、次の君主を選挙で決めるのですが、跡継ぎの君主が小さいときは、その母である監国皇后がふたたび摂政になります。だから、唐の高宗の皇后である則天武后があんなに大きな権力を持ったのです。

この習慣は、契丹や女直（女真）やモンゴルにも引き継がれました。西太后が権力を握ったのも彼女が満洲人だったからで、清朝の宮廷のなかには、それを別に変だと思わない伝統がありました。

西太后がとくに有名になったのは、ちょうど政権交代のときに清朝が開国し、この時期に一斉に北京に入ってきた欧米のジャーナリストなど外国人に内情を知られたからです。

清朝の風習として有名な纏足も、じつは十世紀の宋代に始まったシナ南方の風習です。元・明・清代を通じて各地に広まりますが、モンゴル人や満洲人やのちの少数民族にはこの習慣はありません。太平天国のところで述べた客家も纏足をしません。それなのに、清の風習としてたいへん有名になるのは、このころ布教にやってきたヨーロッパの宣教師が、纏足についてせっせと書いて本国に報告をしたからです。

話を西太后にもどします。第二次アヘン戦争のときには、イギリスやフランスとの交渉を一手にまかされ、諸外国と北京条約を結んだ恭親王ですが、宮中政治においては西太后にまったくかないませんでした。

一八六五年、西太后は恭親王の議政王大臣の地位を剝奪し、失脚させてしまいます。しかし、恭親王の力なくして政治はできませんから、恭親王はまもなく首席軍機大臣の地位に復帰します。これは、権力をにぎった西太后が、彼を対等な協力者ではなく、臣下として位置づけなおそうとした政治的処分であったと考えられます。

西太后が産んだ同治帝は一八七三年に十八歳となって成人に達し、成婚の儀が行なわれ、親政が宣言されました。日本の副島種臣を初めとする諸外国の大使や公使が北京で清朝皇帝に謁見したのはこのときです。しかし、政治の実権は西太后が掌握しており、同治帝は親政まもない十九歳で天然痘で病死し、東太后が推薦した皇后もまもなく亡くなりました。

同治帝は跡継ぎがないまま亡くなったので、その継承者として西太后が強く押して即位したのが、咸豊帝の弟と西太后の妹の間に生まれた第十一代光緒帝です。同治帝のいとこにあたります。一部の官僚層は激しく反発しましたが、もはや宮中における西太后の権勢に文句をつけられる人はいませんでした。

光緒帝は、日清戦争で清朝が敗れたあとの一八九八年、康有為とともに変法に着手しますが、西太后に幽閉されて改革は失敗し、「垂簾聴政」を復活させた西太后は死ぬまで権力を手放すことはありませんでした。西太后は一九〇八年、三歳の溥儀を次の皇帝と決め、光緒帝が三十九歳で亡くなった翌日、七十四歳で亡くなりました。光緒帝の死因が多量の砒素の服毒であることが、遺骨の法医学検査によって二〇〇八年に証明されましたので、西太后の命令で毒殺されたことは間違いないでしょう。溥儀が第十二代宣統帝で、一九一二年に清朝が滅びるときのラスト・エンペラーです。

日本への黒船来航から江戸幕府の開国

さて、清朝末期においては日本との関係がきわめて重要になってきますので、幕末の日本が開国したところから話を始めましょう。

一八五三年、アメリカ東インド艦隊司令官ペリーが黒船四隻を率いて浦賀に来港し、日本の開国を求めるアメリカ大統領の国書を江戸幕府に差し出しました。アヘン戦争後に清朝との貿易に乗り出したアメリカ合衆国は、日本を開国させて、清との貿易船や捕鯨船の寄港地としたかったのです。

ペリー艦隊は、アメリカから太平洋をわたって日本に来たのではなく、反対まわりで大西洋からインド洋を通り、シンガポール、マカオ、上海と寄港したのち、琉球の那覇（なは）に寄ってから、浦賀沖に現れました。ですから幕府は、オランダ商館からの情報もあり、艦隊がやってくることを前もって知っていました。突然、黒船が沖合に現れたから驚いたというわけではないのです。しかし、軍艦の威力におされて国書を受け取り、翌年の回答を約束せざるを得ませんでした。同じときにロシアの使節も長崎に来航し、開国と国境の画定を日本に求めました。

幕府は先例を破って大名の意見を聞き、朝廷にも報告して、食料、薪、水の供与と漂流民の保護に限って開国する方針を固め、翌一八五四年三月に日米和親条約を結び、下田と函館を開港しました。同じ年の八月に日英和親条約が結ばれ、九月に日露和親条約が結ばれて、日本の鎖国は終わったのです。

アメリカは、幕府に対して自由貿易を始めることを強く要求し、一八五八年六月には日米修好通商条約が結ばれ、江戸幕府は、函館、神奈川（横浜）、長崎、新潟、兵庫（神戸）の五港を貿易港として開き、外国人居留地での自由貿易を認めました。しかしこの条約には、日本側に輸出入品の関税を自主的に決める権利（関税自主権）がありませんでした。また、外国人の犯罪はその国の領事が裁判し、日本側では裁くことができない（領事裁判権）など、日本にとって不平等な条約でした。七月にはオランダ、ロシア、イギリスとも修好通商条約を結んでいます。

この時期は、ちょうど清朝がイギリスとフランスに攻め込まれた第二次アヘン戦争の最中、天津条約を結んだころです。幕府に反対する勢力は「尊皇攘夷」を叫びますが、幕府は世界情勢をよく勉強していました。当時の日本に、欧米列強を敵にまわして勝てる見込みはありません。平和裡に通商条約を結ぶ以外に方法はありませんでした。

あとになりますが、一八七一年に岩倉具視使節団がおよそ一年九カ月をかけて欧米十二カ国をまわった目的の一つが、この不平等条約の改正でした。しかし、このときは成功していません。日清戦争直前の一八九四年になって、ようやく日英通商航海条約が結ばれて治外法権が撤廃され、そのあと他の欧米諸国とも同じような条約を結んで、一八九九年から実施されます。関税自主権が確立されたのは、日露戦争後の一九一一年です。対等な条約を結びなおすことができるまで、五十三年もかかったのです。

日本とロシアの国境画定

ここで開国した日本とロシアの国境画定についてまとめて見ておきましょう。

ロシアのプチャーチンと川路聖謨（かわじとしあきら）は、日米和親条約と同年の一八五四年に下田で日露和親条約を結び、千島列島（クリル諸島）のなかのエトロフ島とウルップ島の間を日露の国境と画定し、樺太（サハリン）は日露共有の雑居地としました。

一八五八年、ロシアがアイグン条約で清からアムール河北方を獲得したあと、日露修好通商条約が結ばれました。翌一八五九年、東シベリア総督ムラビヨフが品川沖に来航し、樺太はロシア領だと主張しましたが、幕府はこれを拒否しています。

一八六一年ロシア艦ポサドニックが対馬に来航し、尾崎浦に国旗をたて兵舎を作って半年間駐兵するという事件が起こりました。これに対してイギリス艦が対馬におもむき、ロシア艦の退去を要求したので、ロシアの軍艦は八月にようやく退去しました。

一八六八年の明治維新のあと、日本は一八七一年に副島種臣（そえじまたねおみ）をロシアに派遣し、樺太境界を協議させました。一八七四年には榎本武揚（えのもとたけあき）が特命全権公使としてペテルブルグにおもむいています。

一八七五年、日本とロシアは樺太・千島交換条約に調印しました。このとき、日本は樺太に対する権利をロシアへ譲渡する代わりに、ウルップ以北のクリル諸島十八島がロシアから日本に譲渡され、全千島列島が日本領となったのです。

ついでに言いますと、太平洋地域では、いくつかの国が小笠原諸島の領有権を主張していましたが、一八七六年に日本の領有が決定しました。

国民国家という世界の新しい流れを受け入れた日本、取り残されたシナと朝鮮半島

鎖国をといて欧米に対して開国したあと、日本人は国内の内紛を乗り越えて、一八六八年に明治維新を成し遂げました。欧米列強による植民地化を避けるためには、国民一丸となって、国民国家化に踏み切る以外になかったのです。もちろん幕末には暗殺事件もありましたし、国内ではいくつも戦争がありましたが、世界史の基準で考えたら、同じ日本人同士で殺し合った人数は、信じられないくらい少ないのです。

国民国家（ネイション・ステイト nation state）とは、国境に囲まれた国土の中に住む人々が、同じことばや同じ歴史や同じ文化を持ち、国民として平等の権利を有するという、それまでの

世界になかった新しい思想で、十八世紀末のアメリカ独立とフランス革命によって誕生し、十九世紀に全世界に波及した国家体制です。

アメリカ合衆国は、北アメリカの十三の植民地の住人たちが反乱を起こして、イングランド王の私有財産を乗っ取ってしまい、それを「ステイト（財産）」や「コモンウェルス（共有財産）」と名のったのが始まりです。

フランスでは、革命で王をギロチンにかけて首を切ってしまったあと、王の財産を相続する権利が誰にあるのか、ということが問題になりました。あちらこちらに散在していた王の私的な領地・領民を、パリの市民がそっくりそのまま自分たちのものにするのは無理です。だいたい、領民が承知しません。それで、フランス革命は、われこそ正当な所有権者なり、と主張する各派の間の流血の争いになり、たくさんの犠牲者を出したあげく、最後にナポレオンが実権を握って、やっと「国民」が王の財産を相続するということで決着がついたのです。それで、かつての王の財産はぜんぶ、フランス人という国民のものである、つまりそれが「フランス国」だ、ということになりました。

国民国家の時代になると、国民の最大の財産は国土です。そうなると、国民軍の兵士たちは、自分たちの財産である国土を外国人の侵略から防衛するためだから、勇敢に戦うに決まっています。こうして、いち早く王政を廃して国民国家となったフランスは、ナポレオン戦争に見られるように国民軍がヨーロッパ最強の軍隊になったのです。

そして十九世紀後半になると、西ヨーロッパ人と北アメリカ人は、新たな国民の財産の獲得を目指して、どっと海外に進出していきました。

その結果、アジア、アフリカ、南アメリカのほとんどの地域は、西ヨーロッパと北アメリカの国民国家の植民地になってしまいました。これを反対側から見ると、植民地になることから逃れようとすれば、どうしても、自分たちも急いで国民国家となる必要があります。

帝国主義の良し悪しは別にして、当時の国際社会は国民国家が基本であり、条約や国際法も国民国家であることが前提でした。世界のゲームはすでに変わっていたにもかかわらず、シナと朝鮮半島はその流れを理解できず、東アジアを混乱させ、国民国家として産声をあげたばかりの日本を巻き込んでいったのです。

清朝はもともと、満洲人がモンゴル人を同盟者として国を建て、漢人を統治し、チベットや新疆を保護するという、五種族の連合帝国でした。李氏朝鮮は、清と服属関係（宗属関係）にあって、清から冊封（さくほう）を受けている朝鮮王と、人口の一割ほどの両班（ヤンバン）階級が、中人（ちゅうじん）、常民（じょうみん）、賤民（せんみん）、奴婢（ぬひ）の階級の人々を見下していて、日本のように国民としてまとまることができませんでした。

七世紀以来の大陸との政経分離を破った日清修好条規

明治維新後まもなくの一八七一年、日本の明治政府は清国との間で、全文十八条からなる平等条約の日清修好条規を調印します。その概要は以下の通りです。

一、両国は相互に外交使節と領事を相手国に駐在させる。
二、領事裁判権を認める。
三、内地通商の禁止。
四、最恵国待遇を認めない。

日本史ではまだ常識となっていないかもしれませんが、『世界史の誕生』などの著書のある歴史学者の、私の師であり夫である岡田英弘の研究によると、日本という国号と天皇という君主号は、六六三年の白村江（はくそんこう）の戦いで唐軍に完敗した直後の六六八年に即位した天智（てんち）天皇から始まります。このあと、日本の最高権威である天皇とシナ皇帝の間に正式の国交があったことはありません。歴史上、日本国とシナ王朝との間で結ばれた、これが初めての条約です。

日本政府が派遣した正式な遣唐使（けんとうし）ですら、天皇という名前と日本天皇の暦が書かれた勅書を持っていきませんでした。なぜなら、シナ文明においては暦を決めることができるのは皇帝だけですから、日本天皇の暦が書いてある文書などを持っていれば、シナ皇帝に対する反逆と見なされるからです。

明から日本国王として冊封された足利義満は、日本国内では征夷大将軍にすぎません。征夷大将軍は天皇から任命される臣下の位です。漢字文化圏では国王という称号は皇帝から冊封された、皇帝の一段下の位です。だから、征夷大将軍が明から国王と認めてもらっても、シナ皇帝と日本天皇はやはり対等な関係ということになります。表面に出ることはありませんでしたが、何ら問題は発生しません。

つまり、日本とシナは七世紀以降ずっと政経分離をしてきたわけです。

ところが、欧米列強との外交関係はそういうわけにはいきません。幕末に無理やり結ばされた不平等条約を解消してもらうために、これから日本は、帝国憲法を作り、国際条約を守って、欧米並みの国家システムを整えます。今で言うグローバリゼーション、つまり世界標準のすべてを日本は受け入れます。明治天皇と清国皇帝の間で日清修好条規を調印することになったのも、その一環でした。ちなみに、このころから、清朝ではなく清国という表現が使われるようになるのも、シナ文明の伝統を継承した王朝ではなく、国際条約を結ぶ対等な相手としての国家、と諸外国が見なすようになるからです。

台湾出兵と沖縄県設置

日本は清との間で条約を結んだ翌年の一八七二年、琉球を琉球藩とし、国王を華族に列しました。

琉球王国は、確かに明や清と朝貢・冊封関係にありましたが、一六〇九年以後は、日本の薩摩藩の支配下に入り、大陸の王朝と、薩摩藩そして徳川幕府に「両属」していました。

朝貢と冊封の説明は第3章でしましたが、周辺の国や部族がシナ皇帝を宗主と仰いで使節を派遣し、自分が統治する権利を皇帝から承認してもらうということです。

今の中国は、使節がやってきた地域はすべて昔から中国の領土だったと言いますが、友好使節を派遣しただけで、支配されていたわけではありません。国民国家以前の時代ですので、王が冊封を受けて朝貢にやってきたからといって、王の統治下の地域がシナ王朝の属国であったわけではないのです。しかも、まだ中国という国家はありません。

日清修好条規が結ばれた一八七一（明治四）年、台湾に漂着した宮古島住民六十六人のうち五十四人が、「生蕃（文明化していない原住民）」と呼ばれる、台湾先住民のパイワン族に殺害されるという事件が起こりました。日本政府の抗議に対して、一八七三年、清朝は、台湾のパイワン族は文化の及ばない「化外（かがい）」だと答え、責任を回避しました。つまり、台湾の原住民は自国の領民に含まれないから、日本人が殺されたのは自分たちには関係がない、と言って責任逃れをしたのです。

この清朝の回答を聞いて、一八七四年五月、日本は自国民殺害の征伐をするために台湾に出兵しました。十月、清国駐在イギリス公使の仲介により、日清両国は互換条約を取り決めましたが、このとき、清国は日本に五十万両支払っています。避難民に対する見舞金十万両、戦費賠償金四十万両を支払ったということは、宮古島の島民を日本国民と認めたということです。宮古島は琉球の一部ですから、賠償金を支払わされた時点で、沖縄が日本の一部であると言ってしまったことに等しいのです。

一八七五年には、明治政府は琉球に対して清への朝貢を禁止し、福州琉球館を廃止しました。そして一八七九年になって、明治政府は琉球藩を廃して沖縄県を置いたのです。

清は、一八七九年に日本が沖縄県を設置したことに抗議しました。それで、翌年に日清協約を結び、正式に琉球は日本国であるということを清国に認めさせました。しかし、清国は調印を延期します。協約を結んだにもかかわらず、調印を延期したというのは、「われわれはそれを望んではいない、しぶしぶ認めた」ということの意思表示です。これにサインしてしまったら、琉球に対する発言権がゼロになってしまう、本当に琉球を失うことになると考えたからでしょう。

清仏戦争に負けた清朝が、あわてて台湾を省に格上げする

しかし、日本の台湾出兵に関して言えば、日本は、宮古島島民殺害の征伐に行っただけで、領土を取りに行ったわけではありません。当時の清国にしてみれば、日本に賠償金を支払わされましたが、台湾は清国の一部であると認められたわけですから、損はしていないということになります。清は、海南島と同様、台湾を蛮族の土地の一つとして領有しているつもりだったのです。

ところが、このあと清仏戦争でフランスに敗れた清は、一八八五年六月にベトナム（国名は越南という漢字に由来します）の宗主権を放棄させられ、フランスのベトナムに対する保護権が明示されます。

その前年の一八八四年、清仏戦争の際にフランス艦隊が台湾海峡を封鎖したため、台湾の重大性にようやく気づいた清は、八五年十月、それまで「化外の地」と見なしていた台湾を省にしました。日本が日清戦争に勝って台湾を譲渡される十年前に、台湾はようやくシナの内地あつかいになったのです。

それまでは、うっかりしていたというより、蛮族の住む台湾が重要であるとは考えていなかったのです。清朝がもともと、狩猟民である満洲人が、遊牧民であるモンゴル人と同盟をして建てた大陸国家であったことが、海の防衛に弱かった理由ではないかと思います。国軍である八旗兵もモンゴル騎兵も、草原での戦争には強かったのですが、太平天国の乱以後の南方の戦争では、本来の能力を発揮することができず、清朝の弱体化につながったのでした。

このときの日本は、琉球問題にしても、台湾出兵にしても、清に対して先手先手を打っています。江戸末期に、欧米列強と不平等ではありますが国際条約を結んでいたので、国際的な外交にどう対処すればいいかが日本にはわかっていたのです。日本よりもずっと早く、一八四〇年のアヘン戦争でイギリスに開国させられたはずの清のほうが、むしろ後手にまわり、日本に押されていました。

日本からの正式な使者を拒絶した朝鮮王朝

このあとの日清戦争も日露戦争も、朝鮮半島をめぐる問題で起きた戦争ですから、李氏朝鮮のことを説明しなくてはなりません。

当時、朝鮮で実権を握っていたのは、国王の高宗（こうそう）の実父の大院君（だいいんくん）という人でした。大院君は、一八六三年に即位した息子の高宗の執政となり、旧勢力を弾圧して国内の改革を始めますが、対外的には排外主義者で、キリスト教を禁圧し、フランス人宣教師や朝鮮人信徒を処刑し、フランス艦隊やアメリカ艦隊を追い払うなど攘夷を行ないました。

大院君が自分の妻の一族から選んで高宗の王妃としたのが閔妃です。閔妃は初め舅の大院君によく仕えますが、宮中に自分の勢力を持つやいなや、一八七三年に大院君を追放し、国王親政の名のもとに実権を握ります。このあとも閔妃と大院君の抗争は続き、それが壬午軍乱や東学党の乱につながっていきました。

明治維新直後、日本は李氏朝鮮に何度も正式な使者を派遣しましたが、朝鮮側は「日本からの文書の中に『皇』や『勅』という字があるのはけしからん。これはシナ皇帝だけが使うことができる文字である。日本はシナ皇帝をばかにしているのか」と拒絶しました。

しかし、日本は清国とはそれ以前に条約を締結しています。にもかかわらず、清国の属下にあった朝鮮が、儒教秩序を乱したと憤慨するのです。「日本は中華秩序の外側にいる野蛮な東夷の国で、自分たちよりも序列は下のはずだ。それなのに頭越しにシナと対等な条約を結んで、そのあとで自分たちに言ってくるのはけしからん」というわけです。

この李朝のかたくなな態度のせいで、日本では征韓論が起こりました。西郷隆盛は「自分が朝鮮使節としておもむいて殺されたら攻めやすいではないか」とまで言いましたが、西郷を派遣することに反対したのが大久保利通、岩倉具視らで、西郷以下、賛成したのが板垣退助、江藤新平たちでした。

大久保や岩倉は、アメリカやヨーロッパの実力を熟知していたので、今は隣国の朝鮮にかかわって紛争を起こす場合ではないと判断したのです。ところが、海外事情に疎かった人たちは、正義を通せ、道理を通せと主張しました。

この対立が一八七三年の明治六年政変に発展し、当時の政府首脳である参議の半数と、軍人、官僚約六百人が職を辞しました。じつは反対派も朝鮮を攻めないとは言っていなくて、対立したのは時期と方法論の違いでしたが、征韓論をめぐる政変だったために征韓論政変とも言われます。その後、不平士族の反乱が頻発して、最終的に西郷をかついだ西南戦争となっていくのです。朝鮮半島をめぐる問題は、明治の最初から日本の内政に大きく影響したのです。

日鮮修好条規が対等の条約でなかったのは、日清修好条規があったから

結局、李氏朝鮮と日本は、一八七五年に日本海軍の測量船の雲揚号が江華島から砲撃を受けたことをきっかけに戦争状態になります。その結果、翌年の一八七六年に、日本は全文十二条からなる日鮮修好条規を朝鮮と結びました。この条約は、日本に領事裁判権を認めるものでし

たが、これを日本の歴史教科書は、日本が欧米から不平等条約を押しつけられたのに、今度は日本が朝鮮に不平等条約を押しつけたのはけしからん、と説明しています。

しかし、朝鮮と対等の条約など結べるはずがなかったのです。なぜなら、清国と日本はすでに対等の条約を結んでいるわけですから、日本が朝鮮と対等の条約を結べば、清国に対して失礼になるからです。当時の国際秩序では、朝鮮国王は清国に従属していたのですから、日本は朝鮮と対等な条約など結べません。日本はそうせざるを得なかったのです。

一方で、日本は李氏朝鮮に対して、清国との従属関係を解消して、早く独立国家になるようにうながしています。朝鮮に対する清の宗主権を否定しようとしたのです。日本としては、朝鮮を早く近代化させないと、欧米列強の餌食にされるだけで、そうなれば日本は孤立せざるを得なくなると恐れていました。日本は、朝鮮半島とシナ大陸が早く日本のように近代化してほしいと本気で思い、このあと大陸と半島に関与していくことになります。

今の韓国人は、日本の植民地になるくらいなら、最初からアメリカの支配下に入っていたほうがよかったと言いますが、富もなく市場としての魅力がない朝鮮半島には、アメリカだけでなく、当時はアメリカよりもはるかに大国だったイギリスも興味を示していません。ロシアの南下を心配していただけです。

一八八〇年に日本がソウルに公使館を開設したあとの一八八二年、朝鮮は、アメリカ、イギリス、ドイツと通商条約を結びました。これは、後述するように一八八一年に朝鮮問題を自分で担当するようになった清の北洋大臣・李鴻章（りこうしょう）が、日本を牽制するために欧米諸国に対する開国を朝鮮に薦めたからです。しかも李鴻章は、朝鮮国王に依頼されたというかたちで欧米との条約交渉に介入しています。

朝鮮が東京に公使館を開設するのは、ようやく一八八八年になってからでした。李氏朝鮮の指導層である両班（ヤンバン）は「四書五経」を読んでいただけですから、海外事情を知らず、新時代に対応できる人材もいませんでした。実務を担っていた中人階級には何の権利もなかったからです。日本の幕末のように、武士が外国の情勢を研究していたというようなことが一つもなかったのです。

福沢諭吉が可愛がった金玉均（きんぎょくきん）のように、中人階級の中には、早く日本のように近代化して、四民平等の社会を建設し、自分たちも教育を受けて国政に参加できるようにしたいという朝鮮人も出てきていました。

ところが、一八八二年には、大院君の扇動で、日本指導の軍制改革に不満な兵士による抗日暴動がソウルで発生し、日本公使館が襲撃され、日本公使館員が殺害されます。これが壬午軍乱です。

壬午軍乱と済物浦条約

壬午軍乱は、閔妃と大院君の権力闘争の結果として起きた事件でした。閔妃は大院君を追い落とすために日本と組むことにして、それまでの朝鮮の軍隊とは別に、自分の息のかかった兵隊を養成しようとしたのです。八十人くらいを集めて、本隊ではない別技軍（べつぎぐん）というものを作り、この八十人を日本人顧問に指導させ、新式訓練を施（ほどこ）しました。しかし、両班ではない上司の言うことを部下は聞きません。しかも、新式の軍隊には給料が支払われるのに、旧式軍隊の給料は遅滞したので、大院君が閔妃の軍政改革に不満な旧軍隊を煽（あお）って事件を起こさせたのです。

一八八二年七月、ソウルで大規模な兵士の反乱が起こり、日本人軍事顧問らが殺害され、日本公使館が焼かれて、公使以下二十八人が夜間に脱出しました。

国際法では外交官を守る義務があるので、日本公使館は護衛を送ってくれと朝鮮政府に頼んだのですが、まったく救援隊が来ません。仕方がないので公使館放棄を決断して、闇に紛れて別のところに逃げ込んだら、今度はそこが襲撃されます。受け入れた側も混じって襲撃したというのだから、手引きしたのかもしれません。日本の公使館員は多数の死傷者を出しながら、命からがら仁川府（じんせんふ）を脱出し、小舟で漂流しているところをフライングフィッシュというイギリスの測量船に救出されて、長崎に逃げ帰りました。

だから、このあと日本は、軍艦五隻に陸軍一個大隊と海軍陸戦隊をのせて、仁川からソウルまで一気に進み、居留民を保護するのです。そして、朝鮮と済物浦(さいもつほ)条約を結び、四条件を朝鮮に認めさせました。日本に対する謝罪、責任者処罰、賠償、それから公使館警護のための軍隊駐留です。

公使館を襲撃されて公使館員を殺されているのですから、国際法上、明らかに朝鮮政府に非があります。駐留先の政府が邦人保護をしてくれないから、結局、日本軍が駐兵せざるを得なくなるのです。

日本軍がシナや朝鮮半島に兵隊を送ったことを今では侵略だと非難されますが、その原因を作ったのはシナであり朝鮮だったのです。事情は西欧列強も同じで、どの国も自国民保護のためにシナに兵隊を置く権利を持つことになりました。歴史には順番があるので、原因を言わずに結果だけ言うのは公正ではありません。

壬午軍乱で、閔妃一族の政権は崩壊して、大院君が政権に返り咲きました。これに対して清国は大規模な軍隊を派遣して、ソウルを占領して閔氏政権を復活させ、大院君を天津に拉致してしまいます。大院君は親清派だったのにです。清国としては、大院君による政変はやりすぎで、国際的にも認められなかったからでしょう。

壬午軍乱の際に女官に紛れて脱出した閔妃は、日本が頼りにならないと思い、このあと清の袁世凱（えんせいがい）を頼りました。このように、強いほうにつくことを事大主義（じだいしゅぎ）と言います。

清の李鴻章が先に朝鮮を属国にしようと企んだ

袁世凱は清の北洋大臣、李鴻章の子分です。清はこのころ、朝鮮を属国にするつもりで動き始めています。日本に取られる前に清に取り込もうとしたのです。

一八八一年、清の李鴻章は朝鮮関連の事務を、それまでの礼部（れいぶ）から、北洋大臣（自分）に移しました。礼部というのは外交担当、朝貢担当の役所ですが、李鴻章は、朝鮮を清の一部にしようとしたというより、自分の勢力下に入れようとしたわけです。

一八八二年に李鴻章は朝鮮と「商民水陸貿易章程（しょうみんすいりくぼうえきしょうてい）」を結び、袁世凱を派遣して朝鮮を監督させました。これは、清国の商人が朝鮮で自由に商売ができるようにするという条約で、しかも、北洋大臣は朝鮮国王と同格であると規定されています。このとき朝鮮に派遣された袁世凱は、ほとんど植民地総督みたいなものでした。

この袁世凱率いる清軍によってふたたび閔氏政権が再建されます。閔妃はいったいどちら側なのか。閔妃は日本に見ならって改革を始めたのもつかの間、大院君派が清と組んで壬午軍乱になったら、今度は清に媚(こ)びます。しかし宮殿に戻ってくると次はロシアに色目を使う。自分の言うことを聞いてくれる後ろ盾が欲しいだけでした。

一八八四年に、ベトナムの保護権をめぐって清国とフランスの間に清仏戦争が起こりました。これが長引くとみた金玉均ら朝鮮の親日的な急進改革派が、同年十二月に日本の支援を得て閔氏政権を倒して親日政権を樹立し、清国との宗属関係を否定します。

閔妃は清国に救出を要請したので、清国は、勝手に日本公使館警備を名乗り出て千五百人もの軍隊を派遣してきました。その結果、清軍と日本軍の銃撃戦になり、清軍は日本公使館に逃げ込まなかった日本人を虐殺します。竹添進一郎日本公使は、日本公使館に火を放って命からがら長崎へ脱出し、日本人数十名が殺され、金玉均らは日本に亡命することになりました。これが甲申政変(こうしんせいへん)です。

甲申政変のあと、閔妃は開化派の家族を片っ端から捕らえ、五親等以内の親戚を皆殺しにしました。体中を切り刻んで皮膚をえぐり取りながら苦しめて殺すという凌遅刑(りょうちけい)に処したのです。

閔妃は、日本に対しては漢城(かんじょう)条約（ソウル条約）を結んで謝罪と賠償をします。

一方、清国は、閔妃が頼ってきたけれども、今度はロシアに色目を使うので、三年間拉致していた大院君を朝鮮に送り返してきました。こうしてふたたび、閔妃対大院君の二代派閥抗争が始まりました。

日本と清国が天津条約を結ぶ

甲申政変の事後処理をめぐって、一八八五年四月、伊藤博文と清の北洋大臣李鴻章は、両国軍隊の朝鮮からの撤兵、将来朝鮮に派兵する際には必ず事前に相手国に通告することを定めた天津条約を締結しました。

このときに李鴻章と交渉にあたった伊藤博文はとても偉かったと思います。当時の日本は、明治維新によって近代国家建設に乗り出したとはいえ、まだ極東の小さな貧しい国にすぎません。日清戦争の前ですから清国からも東夷（とうい）のちっぽけな国としてしか見られていません。この時点で国力の比較をすれば、清国に全然太刀打ちできていないのです。

しかし、伊藤を初めとする明治の元勲（げんくん）たちは、幕末の激動期を生き抜いていますから、精神力が強くて覇気（はき）がある。漢文もできて能力の高い本当の知識階級でした。気概と教養を兼ね備えた伊藤の交渉力を李鴻章も認めざるを得なかったのでしょう。清にも大院君をそそのかした弱みがあり、イギリスなどから非難される恐れもあって、日本との条約締結となります。このとき清国との間で天津条約を締結したことが、日清戦争につながるわけです。

日清戦争にいたるまでの十年間は、朝鮮半島情勢も日本と清国の関係もまずまず平和ですが、一つだけ有名な事件があります。

一八八六年八月、清がドイツから購入した軍艦の「定遠（ていえん）」「鎮遠（ちんえん）」など四隻が、長崎に修復のために寄港しました。これには日本に対する示威（じい）の意味もありました。上陸した数名の水兵が貸座敷屋で乱暴をはたらき家財を破壊したので、当直の巡査一名が現場におもむき騒ぎを鎮めようとしたところ、水兵たちはその巡査に暴行を加えて立ち去りました。しかも、二日後には数百人の清の水兵が日本の巡査と乱闘して死傷者を出したという事件です。

軍事面での清の優位を日本側に印象づけた事件ですが、以後、両国政府は事態の拡大と再発を防ごうとし、一八九一年に北洋艦隊が日本に来航した際には、清の水兵の上陸は禁止されました。

日清戦争（一八九四〜九五年）

一八九四年三月に朝鮮半島の全羅道（ぜんらどう）で東学党（とうがくとう）の乱が起こります。キリスト教や外国の思想を西学（せいがく）と言うのに対して、朝鮮国内にあったもともとの伝統的な思想を東学と呼んだのですが、この乱の背景に東学の思想があったわけではありません。地方に派遣された役人の年貢取り立てがあまりにもひどかったので、農民たちが食い詰めて役所を襲った暴動にすぎません。その暴徒のなかに東学の一派もいたというだけのことです。一八九四年が甲午の年にあたるため、甲午農民戦争とも言われます。

朝鮮政府は乱の鎮圧のために袁世凱に清軍の派遣を要請し、六月に清軍が朝鮮に上陸しました。天津条約があったので、清は国際ルールにしたがって派兵を日本に伝えてきます。日本にはそれ以前から情報が入っていたので、軍を即座に出しました。まもなく朝鮮政府と農民は全州で和約を結び、農民軍が要求する改革の実行と農民軍の撤収を互いに認め合いますが、清も日本も撤兵せず、七月に日本は王宮を占領して閔氏政権を倒し、大院君をかついで親日的な内閣を組織させます。そして八月に日清両国が宣戦布告をして日清戦争が始まりました。

一八九四年九月には、日本は平壌の戦いで、李鴻章が二十年来育成してきた清国最強の北洋陸軍を壊滅させます。次いで黄海の海戦で、日本艦隊が清の北洋艦隊に決定的な勝利をおさめました。十月に日本軍は鴨緑江を渡り、十一月旅順占領、翌年一月には山東半島に上陸して威海衛を占領し、李鴻章率いる清の北洋軍が降服して勝敗は決します。四月には下関の春帆楼で日清講和条約が結ばれました。清の全権大臣は李鴻章で、日本は伊藤博文首相と陸奥宗光外相が全権大臣でした。

一八九五年の下関講和条約全十一条の概要は次の通りです。

一、朝鮮の独立の確認（清との宗属関係廃棄）。

二、清国は遼東半島、台湾、澎湖列島を日本に割譲。
三、賠償金（銀二億両）の支払い。
四、片務的最恵国待遇の付与。
五、重慶、蘇州、杭州などの開港。
六、開港場、開市場における日本人の企業経営権の承認、などです。
　日本が清国から獲得した四以下の諸特権は、最恵国条款によって他の列強諸国もすべて共有することになりました。

三国干渉とロシアの南下

　ところが、満洲南下を計画していたロシアは、日本による遼東半島の領有は、シナの安全、朝鮮の独立、極東の平和にとって障害になるという理由で、フランスとドイツを誘って、条約批准書交換の予定地芝罘に軍艦を集結して武力示威を行ない、この「三国干渉」によって、日本は遼東半島を清に返還させられました。

　こうして遼東半島を日本から清に返還させたロシアは、清国政府が日本へ支払う賠償金をフランスの銀行から借款する口利きをした代償として、一八九六年、満洲里から沿海州に至る東清鉄道敷設権を獲得し、二年後の一八九八年には遼東半島南部の旅順・大連を租借したうえ、東清鉄道の中間の哈爾浜から旅順・大連へいたる東清鉄道南部支線の敷設権も得たのです。戦争をして清に勝利したのは日本なのに、戦利品を取り上げてロシアは漁夫の利を得たわけです。

そもそもロシアは、清が南方でイギリスとフランスの圧力を受けているのにつけ込んで、前述したように、一八五八年のアイグン条約でアムール河（黒龍江）の北に広がる六十万平方キロの土地を得、一八六〇年の北京条約で、ウスリー河（烏蘇里江）東岸から日本海に至る四十万平方キロの地域を奪い取っていました。沿海州と名付けたこの新しい領土の南端に海軍基地として建設した「ウラジヴォストーク」という街の名前は、ロシア語で「東方を支配せよ」という意味です。大連も「ダールニーヴォストーク（極東）」の「ダールニー」が「大連」と漢字でうつされたものです。

ロシアは、沿海州を獲得したときから、モスクワからウラル山脈を越えてウラジヴォストークにいたるシベリア横断鉄道を計画し、日清戦争当時に路線はすでにバイカル湖畔にまで達していました。しかし、アムール河の北を迂回してハバロフスクを経由してウラジヴォストークにいたる路線は、厳寒の冬季には工事ができず、いつ完成するかわかりません。それで、日清戦争で日本に敗北した清を見くびったロシアは、清国領を通って一直線にウラジヴォストークへいたることを考えたのです。

一八九六年にロシアにおもむいた清の全権大使李鴻章に、ロシア蔵相ウィッテから三百万ルーブルという莫大な賄賂が手渡され、日本の侵略に対して露清共同で防衛にあたるという秘密同盟条約（李＝ロバノフ条約）が結ばれました。李鴻章がロシアと調印した条約の内容は、次のようなものです。

一、東清鉄道会社は、建設後八十年間この鉄道を所有経営する。

二、三十六年後に清朝政府は買収する権利がある（ウィッテは、買い戻しは予想されるが、七十億ルーブルを超える金額をシナ政府が支払えるとはとうてい考えられない、と条約調印後語っています）。

三、鉄道が敷設される地域、いわゆる鉄道付属地に会社は「絶対的にしてかつ排他的行政権」を行使する（これに、のちに鉄道守備を名目に駐兵権が加わります）。

清国分割の危機

ロシアだけではありません。それまで「眠れる獅子」と思われて植民地化をまぬがれていた清国ですが、日清戦争で日本に負けたせいで、このあと列強に利権を奪われ国土が切り刻まれていきます。本当の意味でのシナの「屈辱の近代」が始まるのです。だから、すべて日本のせいだと、現代中国が日本を恨むのは当然といえば当然です。
日清戦争中から、清国は列強から多額の借款を受けていましたが、戦後も日本への賠償金などのために、露仏銀行や英独銀行から多額の借款をし、その担保に関税と塩税をあてました。また、下関条約第六条が規定した、開港場、開市場における企業経営権の承認は、日本だけでなく列強も共有することになりましたので、在華企業への投資が激増しました。
前述のように、ロシアは満洲を横切る東清鉄道の敷設権と経営権を得ましたが、ドイツ、イギリス、フランス、アメリカも、それぞれ自国が権利を持っている土地から奥地へ入る鉄道の敷設権を獲得しました。列強はこのあとも租借地を次々に獲得していき、一八九八年にはドイツは膠州湾を九十九年の期限で租借し、ロシアが旅順・大連を租借したのに対抗して英国も威海衛・九龍半島を、一八九九年にフランスは広州湾を租借しています。

注：九十九年の九九は久々と同じ音で、永久にという意味を暗に含んでいました。

さらに列強は、鉄道と租借地を中心に自国の勢力圏を設定しました。ロシアは満洲とモンゴル、ドイツは山東地方、イギリスは長江流域と広東東部、フランスは広東西部と広西地方、日本は台湾の対岸にあたる福建地方の利権の優先権を清国に認めさせました。自国の勢力範囲内

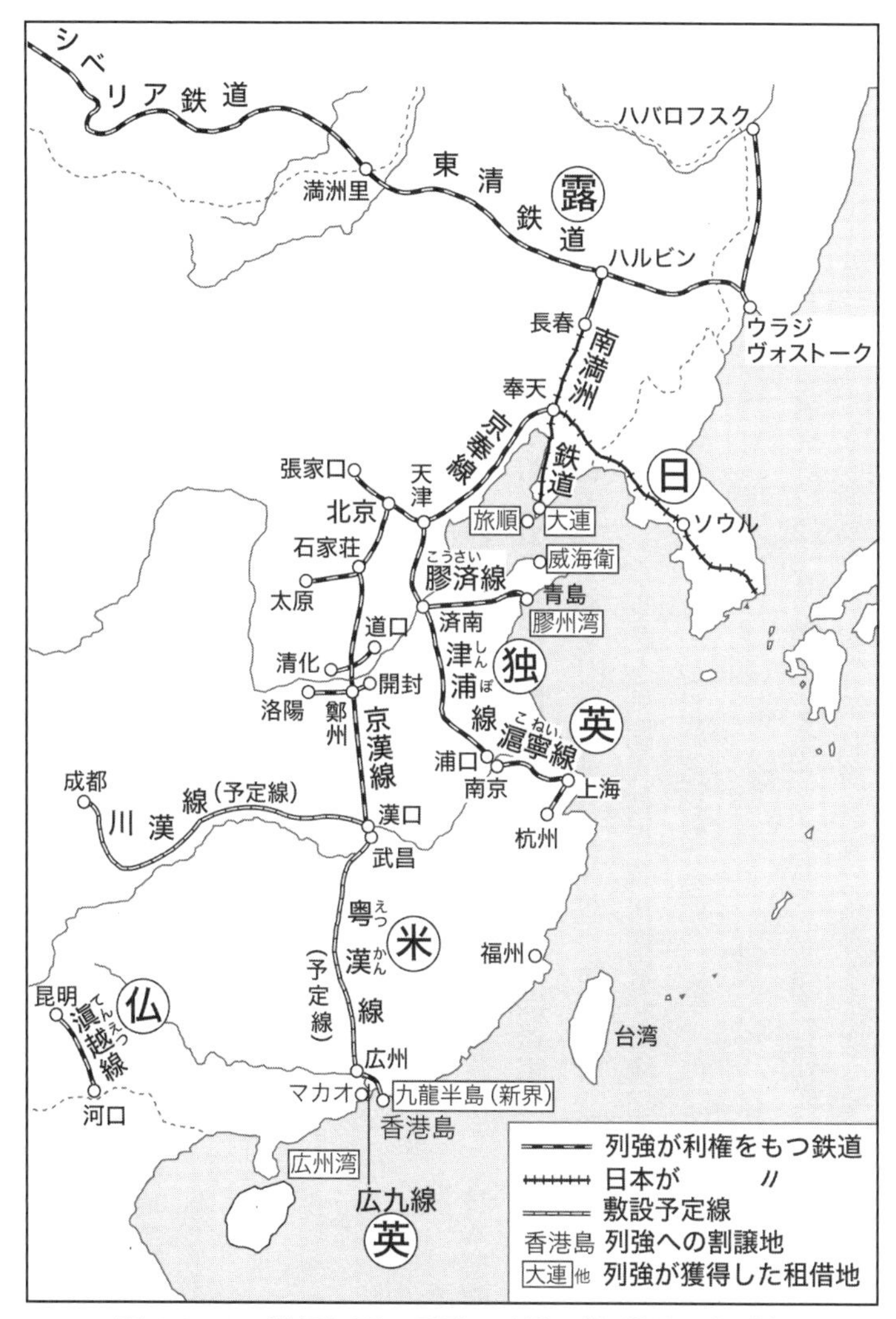

図 14　20 世紀初頭の列強の利権（租借地と鉄道）

では他国に権益を譲渡しないことを、清に承認させたということです。

注：今の中国東北地方の起源である清の東三省（盛京・吉林・黒龍江）が置かれたのは、日露戦争後の一九〇七年で、このとき初めて、これら三省に巡撫を設けてシナ内地と同じ省制を敷いたので、日清戦争後はまだこの名称はありません。満洲という地名のほうが古いのです。

日清戦争に敗れた衝撃と変法論の挫折

清国最強の北洋軍がどうして日本に簡単に負けてしまったのか。一口で言うと、日本は明治維新のあとの国民国家化が成功をおさめ、日本軍は自国のために戦う国民軍だったのに対して、北洋軍は李鴻章の私軍のようなものだったからです。北洋陸軍は、もとの淮軍（わいぐん）に近代装備をさせたもので、海軍は、ドイツから購入した軍艦を外国人技術者が操縦し、漢字も読めないクーリー（苦力）と呼ばれる肉体労働者が船を動かしていました。

注：「クーリーcoolie」はイギリス人が清国に持ち込んだことばで、「苦力」は当て字です。もともとインドのタミール語のkuliは手間賃、賃金の意味で、低賃金で肉体労働をする日雇い労働者のことでした。

日本で言うなら人足です。南北戦争で奴隷を禁止したのでアメリカは、華僑の出稼ぎを当てにして、これらの下層労働者を多く輸入したので、苦力貿易と言いました。奴隷のような扱いを受けましたが奴隷ではありません。

　大国である清がなぜ小国の日本に負けたのか、今でも中国ではさまざまに原因探しをしています。西太后の還暦を祝う頤和園の造営費に海軍経費が流用されたせいだとよく言われますが、それだけではないでしょう。海軍だけでも、北洋海軍、南洋海軍と、福建および広東の海軍の三つがありましたし、新疆ではつねにロシアの脅威がありました。みんな自分たちのほうにもっと軍事費をもらいたいと思っていたのです。中華人民共和国では全国が七軍区に分かれていて、空軍や海軍もライバル関係にあり、共産党の軍隊ではあっても国家軍とは言えません（二〇一六年になって、習近平がこれまでの七大軍区を、陸海空軍などによる統合作戦を行なうために五大戦区に改編しましたが、今後、本当に機能するかどうかはまだわかりません）。当時、朝鮮半島は李鴻章の利権だったわけですから、李鴻章がなんとかすればいいとライバルたちは高みの見物をしていたのです。

　ところで清国の人々にとっても、日清戦争に敗れた衝撃は、アヘン戦争のときとは比較にならないくらい大きなものでした。これまで自分たちの文明の末端の、東夷の小さな島国だと見下していた日本に、清の最強の北洋軍が完敗したのですから、それまでの洋務運動では駄目だという意見が出るようになりました。日本の明治維新を見ならって、技術面だけでなく制度面でも西洋式に改革しようとする変法論が台頭します。

一八九八年一月、変法運動の中心人物であった康有為を呼び出した清の光緒帝は、彼の意見を取り入れて次々と改革の上諭を下しますが、立憲君主制への移行をめざす変法には反発が多く、何一つ実行にいたらないうちに、李鴻章のあとを継いで北洋軍の指揮権を握っていた袁世凱が西太后の側についたため、光緒帝は西太后に幽閉されて、三カ月間で改革は失敗しました。

西太后はふたたび垂簾聴政を開始し、光緒帝は死ぬまで親政の機会を与えられませんでした。改革派の譚嗣同は逮捕されて処刑され、康有為と梁啓超は日本に亡命しました。これを戊戌の政変と言います。

日本の明治維新が成功したのに、清国の変法がなぜ失敗したのかというと、康有為に賛同したのはほんの一握りのグループで、実力者への根回しもなく、実行力がともなわなかったからです。康有為の光緒帝への提言に「日本の政治経済は、欧米への調査研究を幾度も重ね、再三の試行錯誤を経て実現したものであるから、わが国が座してこれを利用するなら、事は容易であるし、道を誤ることもない」とあります。日本を手本とすれば、清朝の変法は自ずと実現する、というのはあまりに楽観的な見方で、幕末の日本の、吉田松陰の松下村塾のようなエネルギーは、科挙官僚からは生まれなかったのでした。

それでも清国は、下関条約の翌一八九六年から毎年多数の留学生を日本に送り始め、帰国後は科挙出身者に代えて官吏に登用するようになりました。一九〇五年には、科挙の試験を正式に廃止しています。「四書五経」の知識では、もはや何も解決できなくなっていたからです。日露戦争に日本が勝利したあとの一九〇六（明治三十九）年の日本への清国留学生の数は、年間八千人から九千人ほどにものぼりました。

日本をまねて近代化をはかった清国

日本人にどうしても知っておいてもらいたいことがあります。それは、近代中国を作ったのは日本だ、ということです。そう言われてもよくわからない人がいるでしょうから、ていねいに説明していきましょう。

まず第一に、漢字の語彙が、古典と現代中国語では同じことばがほとんどありません。現代中国語の七割は、明治時代に日本人が欧米の文献を翻訳するために新たに作った日本語の語彙を輸入したものなのです。

日本では幕末から、開明派の殿様がお金を出して優秀な若者を欧米に留学させていました。

英語やドイツ語やフランス語を学んだ日本人は、自分たちの得た知識を故国の人々にも広めるために、多くの書物を日本語訳しました。しかし、それまでの江戸時代の日本語にも漢字の「四書五経」にも、新しい近代科学、技術、法律、軍事、政治といったことをあらわす術語がありません。それで、もともと漢字に熟達していた日本の知識人は、欧米の書物を日本語訳するため、漢字を組み合わせて新しいことばをたくさん作ったのです。

第2章で述べたように、隋が始めた科挙は、丸暗記した儒教の教典の語彙を使って散文を書き、『切韻(せついん)』のとおりに韻を踏んだ詩を作ってみせるという試験です。広いシナ大陸では地方によって方言差がひどく、話しことばは通じません。だから、科挙の試験では、標準音で漢字を間違えずに発音できるか、どれだけ古典を暗記しているかを試し、漢字によるコミュニケーションが完全にできる人間が官僚になり、千三百年以上もの間、皇帝の手足となって全国を統治してきたのです。

ところが、漢詩と漢文の作文では国家運営が成り立たなくなりました。それで清国は外国に留学生を派遣するようになるのですが、留学生がもっとも多かったのが日本でした。

日本にやってきた清国留学生は、欧米の新思想、新知識、新技術がすべて漢字で表現されていたので、これらをそのまま取り入れました。欧米諸国に留学した漢人にとっても、新しい事物を伝えるコミュニケーションの道具は、やはり日本式の文体と語彙しかありませんでした。

清国全土におびただしく設置された新式教育の学校では、留学生が持ち帰った日本の教科書や参考書を使い、日本人教師と日本留学帰りの人たちが教育をしたので、日本式の漢語が新しい中国人の共通語になっていきました。現代中国で使われている和製漢語のほんの一例を挙げますと、「中華人民共和国」の「人民」も「共和国」も、「社会主義」も「改革」「開放」も、「同志」「進歩」「思想」「理論」「階級」もすべて、日本人が西洋語を翻訳して作ったものです。

漢字のルビが誕生したのは、中華民国になってからの一九一八年で、これも日本語のひらがなやカタカナの影響を受けたものです。

一九一九年の五・四運動で反日になるまでの四半世紀にわたり、毎年平均五千人の留学生が日本にやってきました。これら十万人を超える日本留学経験者が持ち帰ったものが、現在の中国文化の基礎を作ったのです。

第6章

孫文にまつわる真実と嘘――辛亥革命から国共合作へ

日清戦争に敗れて近代化に乗り出した清国でしたが、内側からの改革は失敗し、結局、辛亥革命で滅亡します。本章では、革命家として有名な孫文の実像に迫ることで、清から中華民国への移行がどのように行なわれたのかを明らかにします。

孫文の生い立ち

一九一二年に誕生した中華民国の初代臨時大総統になった孫文は、中華人民共和国からも台湾の中華民国からも、中国革命の先駆者あるいは国父と呼ばれています。日本人にも彼のことを好きな人はたくさんいます。しかし、中国は彼がいなかったら国ができなかったわけだから国父と呼ぶのは当然ですが、日本人がどうして孫文を好きなのか理解できません。日本から長い間あんなに多くの支援を受けていながら、最後はソ連側について日本を裏切った人なのです。

孫文は、太平天国の乱を起こした洪秀全と同じく、他の漢人からは差別されていた客家(ハッカ)出身です。広東省に生まれましたが家が貧しく、出稼ぎに行った兄がハワイで成功したあと母と弟を呼び寄せたので、十四歳で現地の教会学校に入学しました。英語で教育を受けた華僑だったのです。

十八歳のときに香港に戻り、洗礼を受けてキリスト教徒になります。そして、兄の援助で香港のクイーンズ・カレッジを経て西医書院を卒業し、一八九二年に香港政庁から医師免状をもらい、マカオと広州で医者になりました。香港では三合会の大親分の客家の鄭士良と親友になり、その後援で革命活動をすることになります。前に言いましたが、三合会は、中国南方の秘密結社の天地会のことで、洪門とも呼ばれます。

孫文は、早くから欧米文化、とくに自然科学に親しむ機会を得、進化論に惹かれていたようです。日清戦争が始まる一八九四年に、外国に見習って近代化をすべしという建白書を、当時の最高権力者であった北洋大臣の李鴻章に提出しますが、相手にしてもらえなかったため、清朝打倒にたちあがりました。

日清戦争開始とともにハワイにわたり、客家の秘密結社の興中会を組織しました。しかし、翌年広州での蜂起に失敗したため、日本に亡命し、そのあとハワイからアメリカを経てイギリスに行きます。このとき、ロンドンで清国公使館に拘禁され、本国に送還されそうになったところをイギリス人に助けられたために、ヨーロッパで有名になりました。

一八九七年にはふたたび日本に来ていますが「ヨーロッパの旅を終えて日本に帰る」と孫文自身が書いているように、彼は清朝には地盤はなく、いわば日本とハワイが地盤だったのです。孫文は郷紳の家の出身でもないし、将軍になったこともありません。自分の配下の軍隊を持っていたわけではありません。

孫文が日本にいる間の一八九八年、清朝で戊戌の政変（前章を参照のこと）が起きます。これに失敗した康有為が、西太后に追われて梁啓超と二人で日本に亡命してきました。そのとき、日本人が両者を引き合わせようとしました。孫文は承諾したのに、康有為は「清朝を倒そうというような不逞な輩は顔も見たくない」と言って拒否したということです。

辛亥革命は新軍のクーデター、清朝は中華民国に平和裡に禅譲した

もともと革命派には、孫文の興中会のほかに、湖南の華興会、浙江の光復会などがありましたが、日本の宮崎滔天らが斡旋し、一九〇五年に東京で合流して中国同盟会が成立しました。孫文は最年長であったことと、海外華僑からの資金源があったという理由で代表に就任しましたが、革命方針の違いや金銭のトラブルで、孫文の求心力はすぐに衰えました。一九一一年の辛亥革命以前に孫文が起こした革命は、十回とも全部失敗しています。場所はいずれも広東あるいは仏領インドシナとの国境地帯で、客家が多くいるところです。これらの革命に日本人はお金をはじめさまざまに援助し、蜂起に協力して死んだ日本人もいます。孫文はシナ内地で教育を受けたわけではないので大陸の実情を知らず、地方の有力者との関係もほとんどなく、金も人材も他人に頼ったというのが実態です。

一九一一年十月に武昌起義（つまり辛亥革命）が起きたときには孫文はアメリカにおり、現地の新聞でこれを知りました。

武昌起義（蜂起のこと）は、日本の陸軍士官学校出身、つまり、日本に留学して新式の訓練を受けた清朝の地方軍の長官たちが起こしたのです。湖北省が清から独立を宣言したあと、湖南省、陝西省など、十一月下旬までに清の南方の十四省が独立を宣言しました。孫文が、革命への支援金を集めることに失敗して十二月二十五日にイギリス経由で帰国すると、独立宣言をした十四省のほか三省を加えた各省の代表者は、南京で孫文を臨時大総統に選出しました。

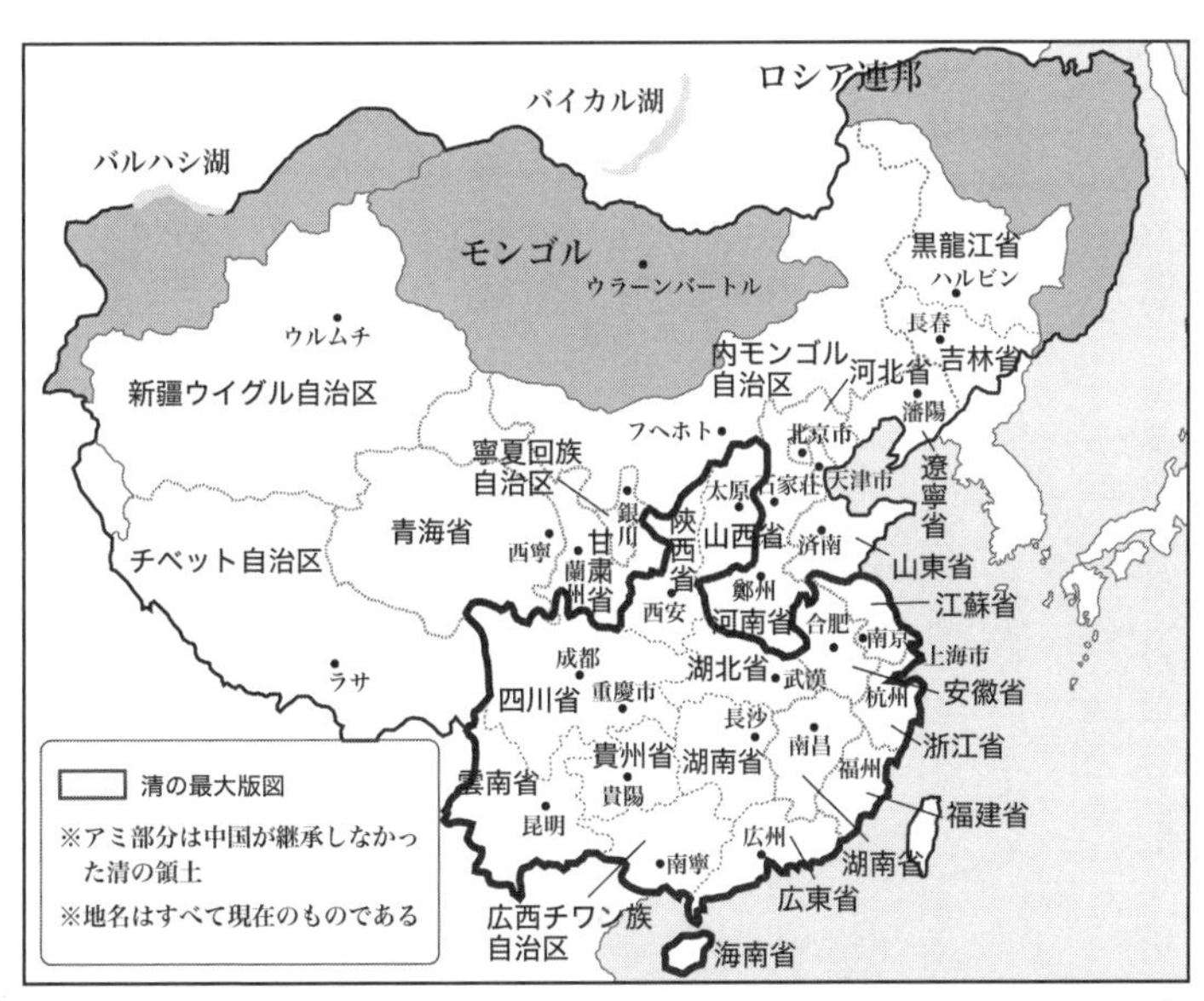

図15　辛亥革命で独立を宣言した14省（南の太線で囲んだ部分）

革命を起こした将校たちは軍人だし、誰も頭になるには五十歩百歩でした。孫文は、日本を初めとする諸外国で有名だったので、外国語で革命の趣旨を表明してくれる顔の役割を果たすことになったのです。「帽子の飾り」と言ってもいいかもしれません。

南方の十七省が革命派についたといっても、華北から東北へかけての諸省とモンゴル、チベット、新疆などの藩部、さらに列強は清を承認していました。

清朝は、一九〇八年、光緒帝が三十九歳で亡くなった翌日、西太后が三歳の溥儀を次の皇帝と決めて亡くなったあと、摂政となった溥儀の父親は凡庸な人で、袁世凱の権力が大きくなりすぎることを危険視し、職を解いて隠居させていました。しかし、南方で革命が起こったため慌てて袁世凱を呼び戻して内閣総理に任命しました。

袁世凱の北洋軍が清で一番強い軍隊で、南の革命軍は、もともと清朝の地方軍だったわけですから、これは軍のクーデターだったのです。しかし、このまま中国の南北で戦争が起きたら、そのすきに諸外国に各地を簒奪されるのは目に見えています。袁世凱は日清戦争のときに朝鮮に赴任していましたし、孫文もイギリスやアメリカにいたので、それはよくわかっていました。そこで孫文は袁世凱と話し合い、もし清朝を平和裡に終わらせてくれるなら、大総統の位を譲ると密約をしたのです。

それで袁世凱は、自分を総理に任命してくれた清朝皇帝と父親の摂政に対して、生涯皇帝の称号を名乗ってもよい、民国政府から外国君主と同等の待遇を受ける、民国政府は毎年四百万元の年金を皇帝に支出する、生涯紫禁城で暮らしてもよい、清の宗廟も皇室の私有財産も保護する、という優待条件を示し、平和裡に退位するように求めました。こうして、辛亥革命の翌年の一九一二年二月十二日、宣統帝溥儀は退位し、清朝が滅びました。こういう政権交代を、シナ史では禅譲と言います。辛亥革命は、日本の明治維新をまねた無血革命だったのです。

孫文よりも袁世凱のほうが上手

袁世凱は孫文に代わって中華民国臨時大総統に就任し、中華民国の首都を南京から北京に移しました。孫文は一九一二年に結成された中国国民党の理事長になりますが、実際には宋教仁が国民党の首班でした。

中華民国は五族（漢・満・蒙・回・蔵）共和をかかげ、清の皇室に対する優待条件だけでなく、清朝時代には藩部と呼ばれた土地に住む、モンゴルとイスラム教徒とチベットなどの王侯の生活の補助と、宗教などの文化の保持も約束しました。

辛亥革命がもし皇帝溥儀を殺していたら、その時点で、満洲とチベットとモンゴルがすぐに離反したでしょう。袁世凱は北洋軍しか持っていませんので、今度は彼が清朝の八旗兵やモンゴル兵など、正規軍すべての敵となって殺されたはずです。袁世凱が清朝皇室に優待条件を示したのは、そういう実際的な判断とともに、中華民国の総統の地位自体が、清朝皇帝を継承しているという正統性を必要としたからです。

ところが、孫文を初めとする南方の人々は、もともと滅満興漢をスローガンとし、漢人中心主義でした。孫文は辛亥革命後、一時的には五族共和に賛同しますが、一九二〇年以後はこれを批判して、あらゆる民族を中華民族として統合すべきだと言います。蒋介石もこの考えを継承しました。今の中華人民共和国もそれを引き継いでいます。

中華民国の臨時約法では、施行後十カ月以内の国会召集を定めていましたので、一九一二年十二月から一三年二月にかけて国会議員選挙が実施されました。有権者は何千万人もいたと書いてある本もありますが、いったいどのような〝総選挙〟だったのか、はなはだ疑問です。アメリカの中国学者フェアバンクによると、国民党は一九二三年でも五万人しか党員がいません。中国は公平な総選挙などしたことのない国なのです。

ともかく、国会議員選挙で国民党が圧勝したけれども、議会からの圧力を警戒した袁世凱は、三月、党首の宋教仁を暗殺してしまいます。反袁世凱の第二革命に失敗した孫文はふたたび日本に亡命し、一九一四年、東京で中華革命党を結成しました。

なぜ袁世凱は孫文ではなく宋教仁を暗殺したのでしょうか。袁世凱にとって孫文のほうがライバルのはずです。ところが実際には、孫文は袁世凱にとってたいして脅威ではなく、宋教仁のほうが本当の実力者だったのです。

辛亥革命で何が一番大きく変わったかというと、前述のように、もともと清朝時代には「本籍回避」と言い、中央が派遣する官僚は自分の出身地には絶対に赴任できませんでした。ところが独立を宣言した各省の革命政府は、清朝政府が派遣した外省出身の官僚を追い出して、自分の省の出身者に置き換えたのです。つまり、中央がコントロールしていた一つの国（清朝）から、中華民国とは名ばかりで、地方分権、統一のない時代になったのです。

宋教仁が作った中華民国の臨時約法は、省を単位とする地方重視の法律です。つまり、中華民国の現状は、話しことばを同じくする省ごとに軍隊があり、省政府も本省人でまとまっているので、アメリカ連邦政府のような形が実状に合っていると考えたのです。宋教仁は、中華民国は連邦制がふさわしいという考えでした。

孫文は宋教仁の考えを嫌いました。なぜなら、連邦制にしてしまったら自分の権力が減ってしまうからです。袁世凱も宋教仁を敵視しました。連邦制などにしたら、中華民国はたちまち分裂してしまうに違いなかったからです。

袁世凱に出した日本の二十一箇条要求と孫文の関係

袁世凱は一九一二年三月、中華民国臨時大総統に就任したあと、一九一三年四月から開かれた国会を無視して、日・英・仏・独・露から二千五百万ポンドにおよぶ借款を受け取り、この金で武器を買い、軍隊をととのえ、議員を買収したおかげで、十月には議員の選挙によって正式の大総統に就任しました。

ところが、就任したらすぐに国民党を解散させて、国民党議員の資格を剝奪し、大総統の権限を勝手にどんどん拡大させて、一九一四年十二月には実質無期限の大総統となりました。革命派たちがうるさかったので、袁世凱は新聞条例や出版法で言論の弾圧を行ない、儒教を復活させました。

袁世凱は軍人ですが儒教教育を受けた人です。前述したように「四書五経」を勉強した人を「読書人」と言います。これに対して、孫文のような、外国語には強いけれど漢籍の古い文献を読まない人は「文化人」と呼ばれました。袁世凱は、欧米にかぶれて革命をとなえる人に対抗するために儒教を持ち出したのです。中国ではこのあとも、国共合作が破れたあと蔣介石が共産党に対抗するために、最近の中国でも共産主義が求心力を失ったとき、そのたびに孔子と

『論語』が持ち出されるのは、欧米の文化に対抗できるのは儒教しかないからです。

袁世凱は一九一五年十二月に帝政を復活し、みずから皇帝になることを宣言しました。しかし、日・英・露・仏は袁世凱に帝制延期を勧告し、国内においても、袁世凱子飼いの段祺瑞と馮国璋さえも賛成せず、副総裁黎元洪は辞意を表明しました。雲南から反袁世凱の第三革命の火ぶたがきられ、部下の広西将軍陸栄廷も独立したため、さすがの袁世凱もやむをえず、三月に帝制を取り消し、民国の称号に復しました。在位八十三日でした。

袁世凱が皇帝になろうとしたのは、本人の野望というよりも分裂の危機が迫っていたからです。列強にとっては袁世凱が交渉相手なのですから、きちんと利権を保証してくれるなら皇帝になってもかまいませんが、部下たちは、袁世凱が皇帝になったら自分たちは生涯家来のままで大総統にはなれません。将来の望みがないから反対したのです。

日露戦争からあとの日本の大陸政策については次章で詳しく述べますが、第一次世界大戦中の一九一五年一月、日本は袁世凱に対して二十一箇条の要求を出しました。なぜ日本が二十一箇条要求をこのときに出したのかというと、日本が日露戦争で勝ってロシアから引き継いだ権利、日本の満鉄経営権と関東州の租借権などは、清と結んだ条約で、中華民国とは結んでいません。それで、清と結んだ条約を中華民国に再確認させようとしたのです。

しかしそれだけではなく、第一次世界大戦中にドイツの権益だった山東半島を日本が取ったことを認めさせるための意味もありました。中華民国は、第一次世界大戦に対して自国内での戦闘を避けるために最初は局外中立を宣言しましたが、最後の最後に参戦を決めました。そして、戦闘にはまったく参加していないのに、中国も戦勝国なのだから、負けたドイツの権益は自分たちに返すべきだと主張したのです。

しかし結局、ドイツの権益は日本が引き継ぎました。それは欧米が日本の権利を認めたからです。第五号の、日本人の政治・財政・軍事顧問、日本人警察を駐留するなどの希望条項を削除した以外はどの国も文句もつけず、一九一五年五月七日、袁世凱は二十一箇条要求を受諾しました。要求ということばにしてくれないと中国の民衆を抑えられない、と袁世凱から頼まれた日本の外務省が「要求」にしてあげたという説もあります。

その頃、孫文は日本に亡命していました。一九一五年三月、孫文は日本の外務省に対して、日本の民間人と結んだ「中日盟約」を提示しました。そこには、共同作戦のため中国軍は日本軍と同じ武器、弾薬を用いる、軍事顧問に日本人を採用する、などが書かれていたということです。日本が袁世凱に対してこれらの希望条項を入れたのは、孫文が袁世凱ではなく自分だったら、このような内容の条約にすると先に言っていたからではないでしょうか。

そうでいながら、袁世凱が二十一箇条要求を受諾したときには、日本から帝政支持を取りつけるためだと言って、日本にいた孫文は袁世凱をおおいに非難したのです。

「大ボラ吹き」の孫文とロシア革命で反日になった中国人

反袁世凱の第二革命に失敗した孫文は、犬養毅の斡旋で日本に逃れたのですが、日本政府は袁世凱から孫文の活動弾圧を求められました。日本もアメリカへ帰ってくれ、と言ったくらいです。孫文は中華革命党の党員にはみずからへの忠誠を誓わせるなど、独裁者としてふるまいますので、革命同志が彼を嫌い始めます。

孫文は同志から「孫大炮」とあだ名されていました。「孫の大ボラ吹き」という意味です。大砲のように大言壮語をぶっ放すばかりで、実行が伴わないからです。

それなのに、日本人には彼を援助する人が絶えず、浙江財閥の宋一族と孫文の間を取り持ち、孫文は一九一五年十月、梅屋庄吉宅で宋慶齢と結婚式を挙げました。宮崎滔天、頭山満などが出席しました。孫文の雅号の中山は、散歩している間に見た邸宅の表札にあった日本人の姓だということです。

さて、ほとんど唯一の実力者だった袁世凱が、帝政を取り消した失意のうちに一九一六年六月に死ぬと、その後継争いにより中華民国はたちまち四分五裂の状態になりました。そのようなときの一九一七年、ロシア革命が起こったのです。

孫文は北京政府とは別に広州で政府を組織しましたが、広東政府は実効支配領域も持たず、国際社会からは認められない亡命政権でした。しかも一九一八年には、孫文があくまで武力統一のための北伐を主張するので、広西軍閥の陸栄廷に追い出されてしまいます。

一方、ロシア革命に成功したソヴィエト・ロシアは、実際には口先だけだったのですが、帝政ロシアが中国に持っていた利権をすべて放棄すると言いました。一九一九年七月のカラハン宣言では、帝政ロシアが締結したすべての秘密条約を破棄し、中東鉄道（かつての東清鉄道）の権益を無条件で中国に返還するとしました。日露戦争後に日本と結んでいた秘密条約をばらして、中国人を抗日に向かわせるための策略でした。

一九一九年一月から開かれたパリ講和会議に、中国は第一次世界大戦の戦勝国として参加し、五十二名もの全権代表団を送り込みましたが、与えられた全権席数は二席でした。日本など五大国は五席、ベルギー、ブラジルなどは三席で、中国は三等国扱いだったのです。前述のように、山東の利権を中国に返還せよという訴えは退けられました。

これが北京大学の学生たちの反段祺瑞、反日の五・四運動の原因となったとふつう説明されますが、二十一箇条要求締結から四年間はごく一部の人たちの抗議しかありません。五・四運動は中国最初のナショナリズムで、やがて学生から労働者階級へ波及したという説明も、中国にはまだこの時期、民間の工場はなく労働者などいませんから、共産党のためにする宣伝にすぎません。五・四運動は、その直前の一九一九年三月に誕生した、世界同時革命を目指すコミンテルンが仕組んだ反政府運動に違いないでしょう。コミンテルンは、ロシア皇帝や貴族たち、キリスト教会から奪い取った財産を惜しげもなく使って、世界中の共産主義運動を支援したのです。

孫文の国共合作

一九二〇年、コミンテルン極東部長ウォイチンスキーは、ザルヒンの仮名をつかって中国を訪れ、三月に北京で李大釗（りたいしょう）に、ついで上海で陳独秀（ちんどくしゅう）に会いました。どちらも日本留学組で、マルクス主義を学んだ知識人でした。これから一九二一年にかけて、上海、北京、広東、湖北、湖南、山東、さらにパリと日本に中国人の共産主義グループが組織されました。

これらのグループが集まって中国共産党を結成し、一九二一年七月、上海フランス租界で創立大会が開かれました。この大会を「第一次全国代表大会」（略して一全大会）と言います。中国共産党員五十七名のうち、毛沢東ほか十二名が参加し、マーリンほか一名のコミンテルン代表も加わっていました。しかし、このとき中国共産党の中央局書記に選ばれた陳独秀も、彼とともに党を代表する北京大学教授の李大釗も参加していないのです。この前に、毛沢東が参加していない創立大会があったのではないでしょうか。

ソヴィエト・ロシアとコミンテルンは、中国のような後進地域において、ただちに共産党の勢力を強大にすることはできないと予見していました。そこで、コミンテルン代表のマーリンは、共産党創立大会に出席したあとすぐに孫文に会い、共産党との合作を説得したのです。

一九二二年、中国共産党はコミンテルンの意をうけて国共提携の方針を決め、李大釗や陳独秀は、共産党員のまま国民党に入党しました。国共提携といっても、当時は共産党の力はほとんどなく、国民党に金を出すから共産党を目こぼししろ、共産党員を殺さないで吸収してくれ、というソ連からの圧力だったのです。孫文は、それまでの三民主義（民族、民権、民生）と共産主義は思想的に異なるにもかかわらず、ソ連の申し出を承諾します。日本人が援助をしなくなったので、資金ほしさにソ連と提携する道を選んだのです。

一九二三年一月にはソ連代表ヨッフェが孫文と会見し、中国にソヴィエトの制度を移すことは不可能という共同宣言を行ないました。孫文はソヴィエト路線にもとづく国民党再編成に着手し、革命軍を編成するための準備として、蔣介石（しょうかいせき）を三カ月間ソ連へ派遣しました。蔣介石は帰国後の一九二四年、広州黄埔（こうほ）の陸軍軍官学校の初代校長となります。この学校には周恩来（しゅうおんらい）も政治委員として派遣されてきました。

ソ連の援助のおかげで、一九二四年一月、広州で国民党第一次全国代表大会が開かれます。

そしてここで、「連俄（ソ連と提携する）、容共（共産党員の国民党加入を許す）、扶助農工」が決議されました。これが第一次国共合作です。

国共合作のおかげで毛沢東は生き延びましたし、誕生間もない共産党も勢力を伸ばすことができました。広東の地方政権にすぎなかった国民党も、国共合作のおかげで全国政権に発展します。合体したおかげで、一九二二年に三百人だった共産党員が一年後には千五百人になります。国民党は一九二三年に五万人ですが、四億の人口のうちの五万人です。つまり、国民党ですら、広州での地方軍閥以上のものではなかったということです。

このあと孫文は北伐を宣言し、軍閥戦争終結後の時局収拾に乗り出して北上しますが、上海でイギリスの妨害を受け、日本を経由しなければなりませんでした。そこで神戸高等女学校で「大アジア主義」の講演を行ない、日本の聴衆を感動させます。しかし中国人に向かって「民衆よ！」と言ったところで誰も耳を傾けません。孫文は中国人からは、財閥の婿になって自分だけいい目にあっていると思われていました。孫文に対する日本人の評価が高かったので、のちに中国人のあいだでも評価されるようになったのです。

蔣介石がソ連に留学したとき、スターリンに近い人や中国共産党が派遣した留学生の間で、孫文の評価があまりにも低いことを知ってショックを受けたという話があります。「三民主義」を笑われたというのです。孫文が客家で出自が悪かったこと、しかもアメリカ帰りで中国大陸に地盤が何もなかったのに、袁世凱よりも自分のほうが偉いと思い、協調を嫌って軍を統一すると叫んでいたのですから、嫌われて当然です。

孫文は一九二五年三月、「革命いまだならず」と遺言して北京で病死しましたが、妻の宋慶齢はたいへん長生きしました。一九四九～五四年、毛沢東の下で中華人民政府副主席を務め、一九五九～七五年、国家副主席を務めています。劉少奇が国家主席を退いたあとの一九六八～七五年、国家主席は空白ですから、実権はありませんが、代行としてほとんど国家主席の扱いです。孫文を近代革命の先駆者ということに決めたから、実体とは別に偉人として扱われるのです。中国にとって、歴史はイコール政治です。

それでも、中華人民共和国にすれば実際に孫文は恩人です。なぜなら、あのとき孫文が国共合作をしなかったら、共産党は生き延びることができず、今の中国はなかったからです。コミンテルンが中国に入り込むことができたのも孫文のおかげです。台湾の中華民国も、蔣介石は孫文の部下で義弟だったのですから、国父として崇めるのは当然です。「大ボラ吹き」の孫文が、中国の歴史で大きく扱われるのは仕方がないにしても、日本の歴史で偉人のように扱われるのは、誤った歴史認識ではないでしょうか。

第7章

二十世紀前半の日中関係史

二十世紀は日本と中国にとって不幸な関係の続いた時代だったと言われ、かつ日本が一方的に悪者とされていますが、本当にそうだったのでしょうか。この章では、日本との戦争状態にいたるまでの大陸の歴史を再検討することで、一方的な自虐史観を排した本当の日中関係史を解説します。

李氏朝鮮が反日になりロシアにつく

日清戦争で日本が勝ったあと、三国干渉で日本が遼東半島を清に返還させられたのを見た朝鮮の閔妃(びんひ)は、今度はロシアにつきました。せっかく朝鮮半島から清を追い出したのに、日本にとってロシアのほうが清よりもさらに脅威です。朝鮮がロシアの影響下に入ったのでは、何のために日清戦争を戦ったのかわかりません。閔妃とその一族の仕打ちを見た日本は態度を硬化させました。

一八九五年十月、井上馨(いのうえかおる)公使に代わってソウルに赴任したばかりの三浦梧楼(みうらごろう)公使が、手下を連れて王宮に乱入し閔妃を殺害しました。閔妃一人だけが殺されて、他の女官は一人も殺されていないということは、閔妃の顔を知っている人間が実行犯に加わっていたということです。そうなれば主犯は閔妃の政敵である大院君に違いありません。しかし、日本は大院君の閔妃殺害の謀略に荷担したのですから、ずいぶんまずいことをしたものです。

　閔妃が殺害されたあと、夫の高宗はロシア公使館に逃げ込んで、親日的改革派を殺害させました。これを「露館播遷」と言います。ロシア公使館から統治をするということは、朝鮮はロシアの属国になったも同然です。

　さらにロシアは、日本が仮契約していた京仁鉄道の敷設権を反故にしたうえ、朝鮮の鉄道敷設計画を標準規からロシアのシベリア鉄道と同じ広軌へ変更させました。これは、ロシア軍がシベリア鉄道を通ってそのまま釜山まで来られるということを意味します。

　ただ幸いなことに、広軌の鉄道建設の国際入札にはアメリカ人やフランス人などが参加しましたが、朝鮮には何の資金もなかったので採算割れを恐れてみな逃げてしまい、最終的には渋沢栄一らが資金を提供し、朝鮮の各鉄道はすべて標準軌で完成しました。

　一八九七年、ロシア公使館から王宮に戻った朝鮮王高宗は、国号を韓と改め皇帝を名乗りました。日清戦争で日本が朝鮮の独立を勝ち取ったからこそ、シナ皇帝の臣下の国王ではなく皇帝を名乗れたわけなのに、高宗はこのあとも日本を蔑視し続けます。

義和団の乱から北清事変へ

日清戦争後、列強の進出が目立つようになった清国では、キリスト教徒になった漢人が教会や欧米列強を後ろ盾に紛争を起こすことが増えていました。土地の権利や水利権などをめぐって同胞と争ったのです。これを「教案（きょうあん）」と言います。ことにドイツが権益を得た山東省では、一般の漢人の排外感情が強く、一八九九年秘密結社の義和団（ぎわだん）が「扶清滅洋（ふしんめつよう）（清を助けて西洋を滅ぼす）」を唱えて蜂起しました。

義和団は、清国人のキリスト教徒や外国商品を売る店をおそい、一九〇〇年に山東省から直隷（ちょくれい）省に入り、京津（けいしん）間の鉄道・電線を破壊しながら、天津から北京へ進みました。六月に二十万の団員が北京に入ると、清国の保守派の皇族や高官がこれを「義兵」として歓迎し、清国が列国に対して宣戦布告したので、このあと北清事変と呼ばれることになります。暴徒たちは、列国の公使館が集まっていた紫禁城東南の東交民巷（とうこうみんこう）を包囲し、連合軍が解放するまで、五十五日におよぶ籠城戦が繰り広げられました。

日・英・米・仏・露・独・墺・伊の八カ国連合軍が、自国民保護のため天津から北京に進軍しましたが、二万人近い連合軍のうち日本が最多の九千七百五十人の兵を出しました。ヨーロッパから派遣するには時間が足らないので、近い日本に出てくれと、イギリスなどが頼んできたのです。連合軍が北京を占領した翌日、西太后（せいたいこう）は光緒帝（こうしょ）を連れて北京を脱出し、陝西省（せんせい）の西安（せいあん）に逃げました。

このときも李鴻章が講和交渉をまかされます。講和会議は列強相互の対立もあって長引き、一九〇一年九月、十一カ国の代表と清国の間で締結されました。これが北京議定書で、四億五千万両という膨大な賠償金が清国に課せられ、列国は北京公使館区域の安全確保のための軍隊の駐留権を得たのです。清にはこの賠償金支払いが重くのしかかります。

ロシアが満洲を占領し、朝鮮にまで南下

義和団の乱でもっとも得をしたのはロシアでした。日本をはじめとする連合軍が天津から北京に進軍している間に、自国の東清鉄道の保護をうたった十七万七千のロシア軍が満洲に侵攻しました。ロシア軍は、一九〇〇年七月ロシア領ブラゴヴェシチェンスクに住んでいた清国人三千人を虐殺してアムール河に投げ込み、対岸の清国領の黒河鎮と愛琿城を焼き払い、そのあとチチハル、長春、吉林、遼陽、瀋陽と占領し、各地で殺戮（さつりく）を繰り広げました。

ロシア軍の満洲占領が完了した一九〇〇年末、それまで敷設された東清鉄道の線路千二百キ

ロのうち、三分の二が破壊されていたと言われますが、ロシア軍がどれだけの数の清国人を殺害したかはわかっていません。

ロシアの南下に脅威を覚えた英国は、義和団の乱の鎮圧に際して、日本人がきわめて勇敢で規律正しかったことと、極東における日本の海軍力も頼りになると考え、日本を同盟の相手に選びました。

一九〇二年一月に締結された日英同盟で圧力をかけたので、一九〇二年四月、ロシアは清と満洲還付条約を結びますが、満洲から兵を引き揚げると約束しておきながら、実行しません。

それどころか、ロシアは韓国との間で秘密協定を結んで馬山浦（ばざんほ）に石炭庫を建設し、さらに竜岩浦（りゅうがんほ）を租借し、鴨緑江を越えて森林伐採事業を行なうようになります。これはもしも将来、満洲から追い出されても、朝鮮半島に自分たちの根拠地を持つために打った布石です。

ロシアが敷いた東清鉄道は完成間近で、モスクワ、サンクトペテルブルグからウラジヴォストークに武器・兵員を大量に送り込むことが可能になっていました。

一九〇四年二月に日露戦争開戦となりますが、もしこれが一年後だったら、日本は負けていたかもしれません。それほど事態は切迫していたのです。

日露戦争のときもなお、韓国皇帝はロシア側につこうとした

日露間における緊張関係が高まっていたにもかかわらず、開戦直前に韓国皇帝は中立声明を発しようとしました。日本は、朝鮮が清の直接支配下に入れば自国の安全保障上たいへんな脅威になるので、朝鮮の独立を守るために日清戦争を戦いました。清を追い払ったら、今度はもっと脅威であるロシアを呼び込んだ当事者である韓国皇帝・高宗の、無責任で国際情勢を理解しない態度に日本人は腹を立てました。

そこで、一九〇四年二月に、韓国皇室は守るから日本の言うことを聞いてください、という日韓議定書を調印し、二月八日に日露戦争に突入しました。同年八月には日本人の財務顧問を派遣し、外交も日本に任せるという第一次日韓協約が調印されました。

このときから、日本は朝鮮の国政に介入するだけでなくお金を出しています。一九〇四年から日本は朝鮮の歳入不足分を補塡し始め、資金立て替えを実施したほか、直接支出で援助しているのです。たとえば一九〇七年度の朝鮮の国家歳入が七百四十八万円ですが、必要な歳出は三千万円で、たいへんな財政大赤字でした。この不足分をすべて日本が負担しました。ところが同じ年に、高宗はハーグに密使を送って日本の非を訴えました。だから伊藤博文はじめ日本

人が怒ったのです。

日露戦争に際して、日本はヨーロッパ側からどれくらいロシア兵が来るかを計算しました。シベリア鉄道は日露戦争中に完成しますが、ウラジヴォストークまでは単線ですから列車は往復できません。それを前提にどれくらいの兵員輸送が可能なのか計算したのです。

ところがロシアは、日本の予想に反して、ヨーロッパ・ロシアから貨車、客車をかきあつめて兵隊と武器を載せて、ウラジヴォストークまで送り込んでくると、線路から貨車や客車をはずして車両をヨーロッパに戻しませんでした。単線ですから戻るとヨーロッパから来る車両の道を塞(ふさ)ぐことになり、運行の邪魔になるからです。こうしてヨーロッパ・ロシアの鉄道運営を犠牲にして、百三十万人が極東に投入されました。

日本は本当に苦戦します。日本は総計十一万八千人の戦死者と多くの負傷者を出し、弾薬は底をつきました。日露戦争に負けていたら、今ごろ日本はロシア領だったでしょう。だから、多大の犠牲を出してもあくまで戦い抜いたのです。

日本はもちろん自国の防衛のために日露戦争を戦ったわけですが、日本が矢面に立たざるを得なかったのは、韓国と清国が独立国として責任ある行動をとらなかったからです。韓国皇帝はロシアに走り、清国も鉄道施設権をロシアに売り渡して、自国領の満洲でロシアと日本が戦争をしているのに、中立宣言をして知らん顔をしました。列強が自国の権益を狙って触手を伸ばしてきているのに、自分で自国を守るのではなく、自分たちの代わりに日本に戦わせればいいという無責任な態度に終始したのです。そのようなことから、日本人は朝鮮人とシナ人を蔑視するようになっていくのです。

日露戦争後、列強は日本の韓国支配を認める

日本は日露戦争に勝ったことで、国際的な地位があがって列強の仲間入りをすることになります。日露戦争の講和を仲介したアメリカは、一九〇五年七月に自国のフィリピン支配を日本に認めてもらう代わりに日本の韓国支配を認めます。これが桂＝タフト協定です。

同年八月、イギリスは日英同盟の適用範囲にインドを加えることを条件に、日本の韓国支配を認めます。これが第二次日英同盟になります。

日本は列強から韓国支配を公認してもらったうえで、同年十一月に第二次日韓協約を結びました。これは別名、韓国保護条約とも呼ばれ、日本の統監が韓国に駐留し、韓国と列国の外交は東京で行なわれ、韓国の在外外交機関はすべて廃止されるというものでした。

まもなく初代統監の伊藤博文が京城に赴任します。伊藤は一八八五年に内閣制度ができたときの日本の初代総理大臣ですから、日本がいかに韓国を大事に考えていたかわかります。前述

の一九〇七年六月のハーグ密使事件により、伊藤は条約違反を問い詰めて高宗を譲位させ、息子の純宗が跡を継ぎました。七月の第三次日韓協約のあとは、法令制定、重要行政処分、高等官吏任免に際しては日本人統監の承認が必要とされ、日韓両国人による裁判所新設、監獄新設が行なわれて、日本人多数が韓国官吏に任命されました。

一九〇九年六月、伊藤博文は統監を辞任しますが、そのあと十月に訪れたハルビン駅で安重根（あんじゅうこん）に暗殺されました。最近になって背後の建物の二階から狙撃された傷で亡くなったという説が有力になっていますが、ともかく伊藤博文が暗殺されたために、軍人の寺内正毅（てらうちまさたけ）が韓国統監となり、軍事・警察の実権を握ることになりました。

一九一〇年八月二十九日、韓国皇帝は詔勅を出して首相に全権を委任してから「日韓併合に関する条約」を締結しました。韓国は今になって、これは日本から強要されて結ばされた条約なので無効だと主張しています。しかし、皇帝が条約交渉を腹心の部下に丸投げしたという事情はあったとしても、国家間で条約を結んだのは史実です。

併合前の四年間だけで、日本政府が立て替えた朝鮮の歳入不足分が千四百二十八万円、司法と警察分野への日本政府の支出金額は九千万円です。これは当時の日本の国家予算の四分の一に相当します。

韓国の両班（ヤンバン）階級や皇帝一家は、国を改革していく意志もなければ能力もなかったのです。そこで日本が乗り込んでいかざるを得なくなった。韓国からすればよけいなお世話だったということでしょう。しかし、もし日本が併合しなければ、北朝鮮だけでなく韓国も今ごろはロシア領になっていたはずです。今になって韓国人は、なぜアメリカが来てくれなかったのかと言っています。日本ではなくて、最初からアメリカの植民地になっていたらよかったのにというのです。しかし、それは今、アメリカが世界最強の国だからで、これも韓国人独特の事大主義の発想です。当時のアメリカには朝鮮半島に関与するだけの力はなく、興味もなかったのです。

日本の満洲経営の始まり

日露戦争に辛勝した日本は、一九〇五年九月、アメリカのルーズベルト大統領の斡旋により、小村寿太郎（こむらじゅたろう）とウィッテがポーツマスで日露講和条約を結びました。日本は韓国の保護権、南樺太、遼東半島、東清鉄道南満洲支線（南満洲鉄道）の経営権、沿海州の漁業権を獲得しましたが、十二億円の戦費賠償要求を拒否され、樺太北半分は無償返還させられました。

日露の兵力差が終戦時でも二倍あり、条約を結んだ一九〇五年九月には三倍になるという実状を知らされていない日本では、講和条約反対集会のあと、日比谷焼き討ち騒動が起こり、アメリカ大使館などを襲撃します。日本はこれからあと、満洲を、日清・日露の戦争で日本人の

「十万の生霊、二十億の国帑（国庫金）」によって購われた大地とみなし、日本の権益のおよぶ特殊地域と考えるようになっていくのです。

一九〇五年十二月には、満洲に関する日清条約が調印されました。これによって日本が獲得した満洲に関するおもな権益は、一、関東州の租借権、二、長春～旅順・大連間の鉄道経営とそれに付随する権利、三、安東～奉天間の鉄道経営権、四、鴨緑江流域での木材伐採権、です。

ポーツマス条約で、日本がロシアから租借権を正式に譲り受けた遼東半島南部の土地を、日本では関東州と呼びました。山海関の東という意味です。租借の期間は、一八九八年の露清間の条約では二十五年とされていたのが、一九一五年日本が袁世凱に提出した二十一箇条要求の第二号「南満洲および東部内蒙古に関する条約」で、九十九年に延長されました。

日露戦争に勝ったあと、日本は初めロシアにならって満洲で占領地行政を続けました。しかし、韓国統監に就任した伊藤博文の説得により、日本は早期撤兵に踏み切り、ロシアから獲得した満洲の権益は、新たに設立される鉄道会社が引き継ぐことになりました。軍政署は廃止され、一九〇六年八月、民政機関である関東都督府が旅順に置かれました。

関東都督府は、ロシア革命のあとの一九一九年に廃止され、日本の官庁である関東庁が発足します。このとき都督府陸軍部が独立して関東軍となったのです。はじめから関東軍がいたわけではありません。もとは、鉄道守備隊を一キロにつき十五名配置できるというポーツマス条約にもとづき、ロシアから譲渡された七百六十四キロの鉄道に相応した、一万四千四百十九名の守備兵だったのです。

満洲への日本の投資

一九〇六年十一月に設立された南満洲鉄道株式会社（満鉄）は、半官半民と言われますが、一億円は現物、つまりロシアが日本に供与した撫順（ぶじゅん）と煙台（えんだい）の炭坑と鉄道などのインフラで、残りの一億円は日本人が購入した株でした。のちに初代総裁に就任した後藤新平が、おもにロンドンで社債を公募して二億円を調達しています。満鉄が会社として出発した当初の四億円という金額は、当時の日

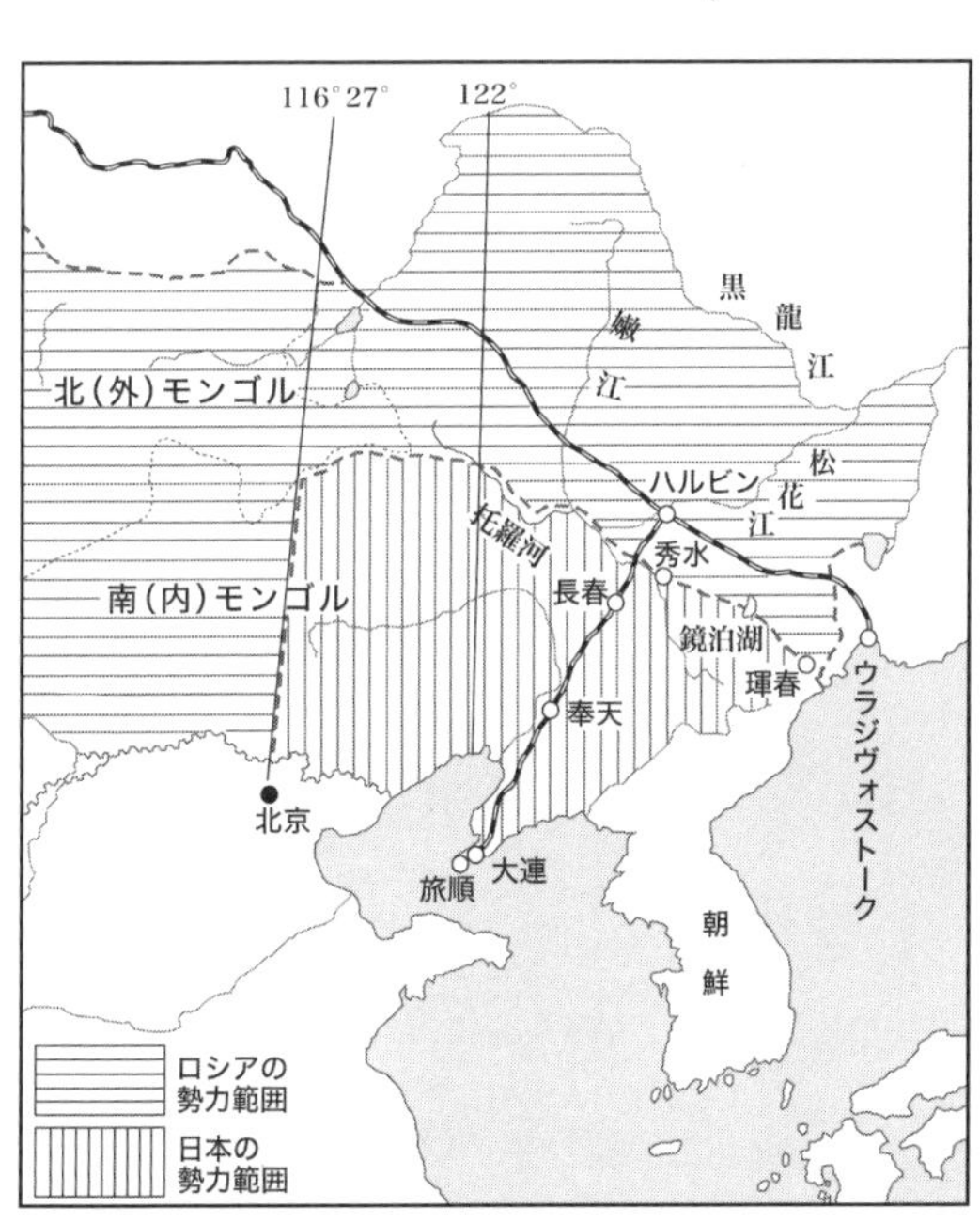

図 16　満洲における日本とロシアの勢力範囲

本の国家予算一年分に相当します。

しかも日本は当時、日露戦争で巨額の戦費を負担して国家財政は大赤字でした。日本はロシアと戦うための資金を、アメリカとイギリスで国債を発行して賄(まかな)っていたのです。このときに発行した日本外債は約十三億円にものぼり、日本がすべて完済するのは昭和も末期の一九八六年でした。

満洲国建国までは、満鉄がもっぱら満洲開発のインフラを担いましたが、一九三二年の満洲国建国後は、日本が直接投資をしています。一九三三年から三六年までの日本の対満投資額は十一億六千万円です。一九三七年に始まる産業開発五カ年計画には二十六億円の日本の税金を投入、この年、満洲重工業開発株式会社（満業）と社名を変更した日産の資本金は二億二千五百万円、同額を満洲国が現物出資しました。朝鮮半島だけではなく、満洲を近代化したのもやはり日本人だったのです。

日本とロシアが密約を結ぶ

日露戦争後、日本とロシアはしばらくの間、たいへん仲良くなります。ロシアが西側のヨーロッパ方面に手を取られたことと、交渉相手としての日本の実力を認めたためです。

日本はもともと、ロシアと勢力範囲を定めて、極東の情勢を安定させることを望んでいました。またロシアから譲渡された南満洲鉄道は、ロシアが運営する鉄道に接続しているのですから、旅客や貨物を載せた車両を安全に引き継ぐため、ロシアと協議する必要がありました。こうして、ロシアのシベリア鉄道を経由して東京からパリまで列車で行く切符も売り出されました。

一九〇七年七月、日本とロシアは満洲の鉄道接続についての協定を結び、第一次日露協約が調印されます。この協約には、北満洲と南満洲の分界線を決め、北満洲はロシア、南満洲は日本の勢力範囲とする秘密条款を含んでいました。また、ロシアは朝鮮における日本の行動を承認する代わりに、日本は北モンゴル（外蒙古）におけるロシアの行動を承認しました。

一九一〇年四月に調印された第二次日露協約も秘密協定を含んでいました。満洲を両国の特別利益地域に分割し、そのなかでそれぞれ行動の自由を持つことを認め合ったのです。

さらに、辛亥革命後の一九一二年七月に調印された第三次日露協約では、南モンゴル（内蒙古）に関して、北京を南北に通る線の東は日本、西はロシアの特殊権益とすることを密約しました。この日露の協約が、モンゴル独立宣言後の南北モンゴルの分裂に深く関わることになりました（図16参照）。

第6章で述べましたが、一九一九年、ソヴィエト・ロシアがカラハン宣言で、帝政ロシアが結んだ秘密条約を公にしてすべて破棄すると宣言したのは、これら日本と結んだ密約のことでした。実際にはソ連はその後も満洲権益を手放しませんでしたが、中国人はこのカラハン宣言を真に受けて、それ以後はロシアを友人とし、日本を目の敵にするようになるのです。

第一次世界大戦の最中のロシア革命と日本のシベリア出兵

一九一二年に清朝から中華民国に代わったあと、一九一四年に第一次世界大戦が勃発しました。日本には同盟国のイギリスから参戦要請が来ます。日本陸軍は青島はじめ中国からドイツを駆逐し、海軍は南太平洋のドイツ領を全部占領してしまいます。大西洋ではドイツは潜水艦を使って英仏を苦しめますが、カナダから地中海までは日本海軍が守りました。日本軍はたいへん強かったのです。

ドイツ相手にロシアが苦戦している一九一六年、第四次日露協約が調印されました。その翌一七年、ロシア革命が勃発しました。社会主義政権のソヴィエト政府は、一九一八年三月、ドイツと単独講和を結んで、連合国の戦線から離脱したのです。

これ以前、オーストリア軍に編入されて東部戦線でロシアと戦っていたチェコスロバキア兵は、オーストリアからの独立を願ってロシアに投降し、連合国側にたってドイツ軍と戦っていました。ソヴィエト政府が戦線を離脱してしまったため、五万のチェコ軍団がシベリア経由で西部戦線に移動することになりました。一九一八年五月、シベリア鉄道で移動中のチェコ兵がソヴィエトと衝突し、西部シベリアに反ソヴィエト政権を樹立したのです。

共産主義のロシア革命をつぶしたい英仏はこれを歓迎し、日本とアメリカに「チェコ軍救援」のためのシベリア出兵を要請します。干渉戦争です。日本はアメリカの提議に応じシベリア出兵を宣言、日本のシベリア出兵は、米との協議で一万二千人を派遣することになりました。米七千人、英仏連合軍五千八百人でしたが、結局、日本は七万二千人を派遣し、ウラジヴォストークからハバロフスクなど沿海州を押さえ、満洲里からチタに入ってバイカル湖以東を制圧しました。

しかし、一九一九年には西シベリアの反ソヴィエト政権が崩壊し、ロシア革命に対する連合干渉は失敗に終わりました。一九二〇年アメリカがシベリア撤兵を宣言すると英仏もこれにならい、日本だけが一九二二年までシベリアに留まりました。

外国干渉軍に対する緩衝（かんしょう）国として、バイカル湖以東、今のロシア連邦ブリヤート共和国の首都ウラン・ウデを中心に成立した極東共和国は、日本軍がシベリアから撤兵するとソヴィエト共和国に吸収されて、一九二二年ソヴィエト社会主義共和国連邦が成立します。この場合もまた、ソ連成立を邪魔されたとして日本がもっとも敵視されることになりました。

パリ講和会議とワシントン会議

第6章で述べたように、一九一九年一月から開かれたパリ講和会議に中国は五十二名もの代表団を送り込みましたが、全権席数は二席しか与えられませんでした。講和会議は四月三十日、山東利権は中国への返還を前提に日本に譲渡することを決めます。これが中国に伝えられて五・四運動になったということですが、大がかりな反政府運動がただちに起こったというのは、その前から準備していたに違いなく、自然発生ではない作為が感じられます。結局、中国全権はヴェルサイユ条約調印を拒否します。

アメリカのウッドロウ・ウィルソン大統領は、すでに一九一八年に議会で「秘密外交の撤廃」「民族自決」などを含んだ十四カ条の平和原則を公表していました。ウィルソンの民族自決は、ロシア革命により東ヨーロッパがソ連に入ってしまうことを恐れて民族の自決をうながしたもので、アジアの民族運動のことなどまったく考えていません。その証拠に、アメリカは自国の植民地であるフィリピンを締め付けています。それなのに「アメリカが味方してくれる」と勇気づけられたアジアに民族運動が広がり、韓国では三・一運動、中国でも五・四運動が起きました。日本はソ連とアメリカの挟み撃ちになった格好です。

アメリカの唱えた「門戸開放」「民族自決」は、東ヨーロッパにも中国にも利権を持たないアメリカにとって、ソ連や日本を困らせるためのじつに都合の良いスローガンでした。

パリ講和会議では国際連盟の設立についても話し合われ、英・米・仏・日・伊の五大国を常任理事国に、四カ国を非常任理事国とすることになりましたが、言い出したアメリカはヴェルサイユ条約を批准しなかったので国際連盟には参加しませんでした。革命を起こしたばかりのソヴィエト・ロシアも講和会議に参加していません。アメリカとソ連は国際連盟に参加していないので、このあとも連盟の決議に拘束されず自由だったわけです。

また、連盟規約を審議する過程で、日本は人種差別撤廃案を提出し、規約に含めるように求めますが、賛成十六票、反対十一票となったものの、アメリカのウィルソン大統領が重要案件には全会一致が必要としてこの案を退けました。これが、のちに日本がアジアの植民地を解放するための大東亜戦争に乗り出す遠因となったのです。

一九二一年から翌年にかけてのワシントン会議は、三つの条約を締結しました。四カ国条約と九カ国条約と五カ国条約です。

日・米・英・仏で結ばれた四カ国条約は、イギリスと日本に挟撃されるのを恐れたアメリカが、日英同盟を廃止するために提案したものです。第一次大戦中の戦費支払いの圧力をアメリカから受けた英国が、日本に同盟の廃止を申し入れたので、このあと日本人は米国ではなく英国を恨むようになります。

アメリカの主導によって、中国の主権尊重、領土保全、機会均等、門戸開放などが定められた九カ国条約は、内紛が激しく主権国家として認められていない中華民国を八カ国と対等に扱っているというだけでも、中国をひいきにしています。ソ連はこの会議に呼ばれていないのでこの条約に拘束されず、中国にもっとも利害関係がある日本だけが批判されるようになります。これによって第一次世界大戦中の一九一七年に日本とアメリカの間で結ばれた、日本と中国における特殊利益を認めた石井＝ランシング協定が廃棄されました。

五カ国条約は、英・米・日・仏・伊が主力艦である戦艦を制限するというものですが、対米七割を求めながら六割に甘んじた日本はアメリカに反感を抱き、アメリカと対等に並ばれて海洋覇権を奪われた英国にとっては屈辱の会議となりました。

山東問題については、結局、日中二国間の協議に委ねられることになりましたが、この日中交渉の結果、広州湾の旧ドイツ租借地は中国に返還され、すべての外国に開放され、山東鉄道も中国が買収することになります。

ここで指摘しておきたいのは、日中関係史は世界史とリンクしており、日本と中国だけを見ていても本当のことはわからないということです。

中華民国とは名ばかりで軍閥闘争が続く

日露戦争のあと、満洲はロシアと日本の勢力圏になりましたが、清朝滅亡後は、モンゴルやチベットや新疆などの旧藩部もロシアやイギリスの勢力圏となり、袁世凱の死後、漢人が住む内地ですら、中華民国とは名ばかりの軍閥闘争時代に突入しました。

北洋軍閥は、安徽派の段祺瑞と直隷派の馮国璋に分裂します。日本は安徽派の段祺瑞を袁世凱の後継者と見なして支援しましたが、欧米は直隷派を支援しました。

日本の寺内正毅内閣は、第一次大戦の好景気によって蓄積した日本の外資一億四千五百万円を、西原借款としてすべて段祺瑞に渡し、これを段祺瑞は軍備強化に用いたのですが、失脚して日本は何一つ回収できませんでした。

一方の直隷派も馮国璋が没して勢力が弱まります。馮国璋のあとを継いだ曹錕とその部下の呉佩孚は、張作霖と提携して安徽派と対立し、一九二〇年七月武力衝突を起こしました。いわゆる安直戦争です。安徽派は、奉天派の援助を得た直隷派に惨敗します。

張作霖は、こんどは長城を境にして直隷派と対峙しました。南方の孫文と結んだ張作霖は一九二二年に山海関を越え、四月に北京近郊で直隷軍と衝突しました。第一次奉直戦争です。結果は奉天軍が完敗し、張作霖は軍を撤退して奉天に帰り、東三省の独立を宣言しました。

　直隷派の曹錕と呉佩孚は、議員にわいろをつかって曹錕を大総統に選出させたので、奉天派、安徽派、南方の孫文らは反直隷で団結しました。一九二四年一月に国共合作を成立させていた孫文は、九月に北伐を宣言、張作霖は満洲から軍を南下させ、山海関付近で第二次奉直戦争が始まります。

　一九二四年十月、熱河にいた呉佩孚の部下馮玉祥がクーデターを起こして北京に入り、直隷派が敗れて十一月に戦争は終わりました。このと

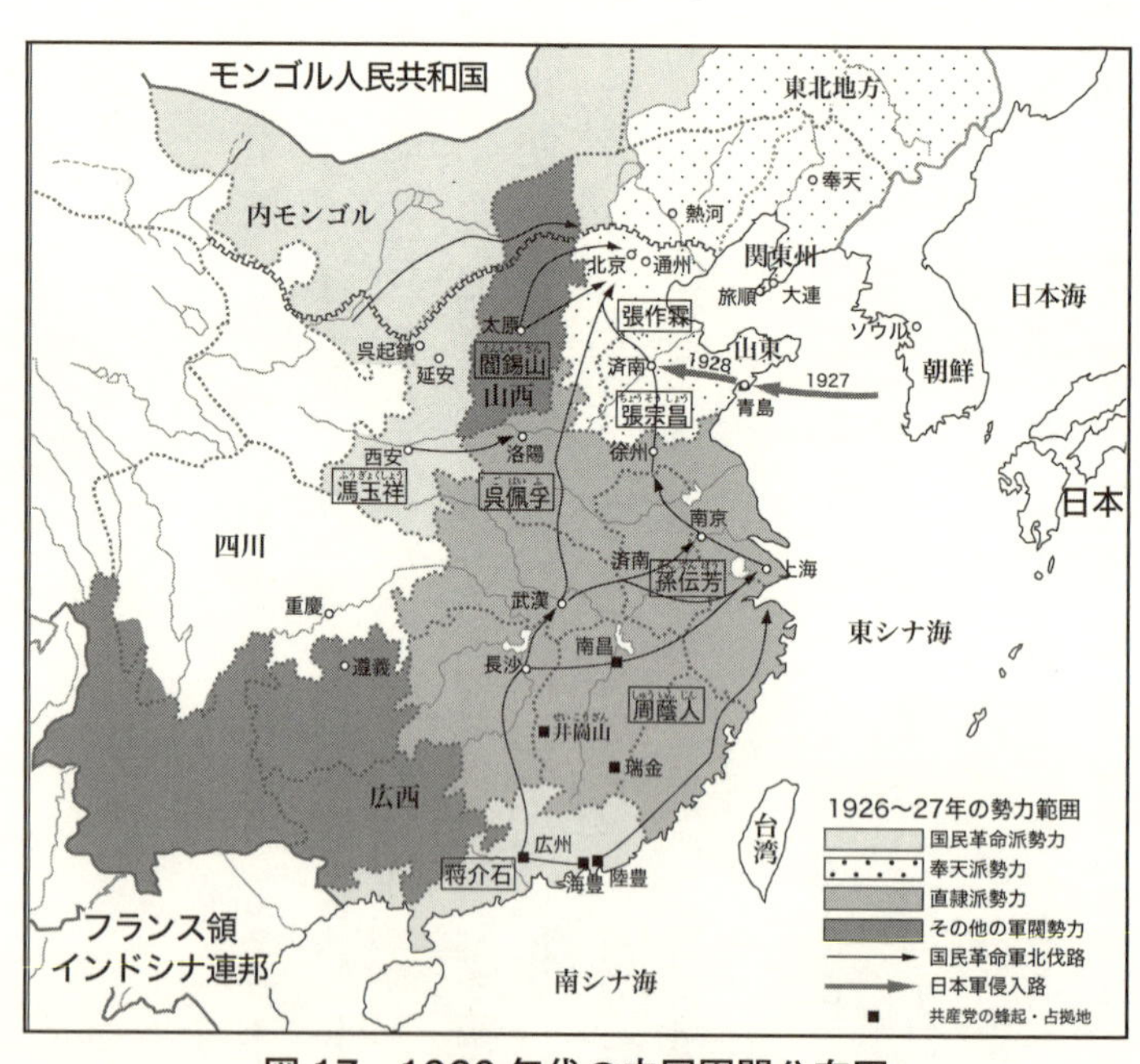

図17　1920年代の中国軍閥分布図

き馮玉祥は、紫禁城から清朝最後の皇帝、溥儀を追放したので、溥儀は日本公使館に避難します。一九一二年退位の際に袁世凱が約束した、生涯紫禁城で生活するという条件を、溥儀は反故にされたのです。

このあと張作霖の奉天軍は、日本軍の援助を頼んで、直隷、山東から江蘇へと勢力を拡大し、一九二六年四月に張作霖は念願の北京入りを果たします。

蔣介石の国民革命軍が北伐を開始したとき、北洋軍閥は、張作霖を総司令にして革命軍に対抗しようとしました。張作霖には日本が付いていると期待されたからです。張作霖は一九二七年六月にみずから大元帥に就任し、つかのまの実権を手に入れます。しかし二八年になると、張作霖が率いる軍は、蔣介石の北伐軍に連戦連敗したため、革命軍の勢力が満洲にまでおよぶことをおそれた日本政府は、張作霖と奉天軍に満洲への引き揚げを勧告しました。同時に日本は北伐軍に圧力をかけて、満洲にまで追撃しないように約束させました。

張作霖が爆殺され、満洲が国民政府の統治下に入る

一九二八年六月、満洲に引き揚げるため、北京から奉天に向かった張作霖の乗った列車が、満鉄線と京奉線がクロスする満鉄付属地で爆破され、奉天城内の自宅に運び込まれた張作霖は

死亡しました。奉天省長の臧式毅は、張作霖の死亡を伏せて負傷と発表し、華北にいた息子の張学良を呼び戻します。

父の地位を継いだ張学良は、田中義一首相率いる日本側の交渉や威嚇に応じず、蔣介石の北伐軍と講和します。一九二八年十二月、易幟（それまで使用していた五色旗を国民政府の青天白日旗に易える）を断行した張学良を、蔣介石は東北辺防総司令官に任命し、こうして満洲は一夜で国民政府の統治下に入ったのです。

この事件は、張作霖を見限った日本の関東軍の一部勢力が、張作霖を殺して中国人の犯行に見せかけ、それを口実に部隊を出動させて満洲を一気に占領しようと考えたもので、高級参謀河本大作大佐が中心となって謀略がすすめられたとされてきました。ところが最近になって、ユン・チアン著『マオ（毛沢東）』は、コミンテルンの謀略だと発表しました。

こちらのほうが真相のように思えるのは、河本大作は、線路の脇に二百キロの爆薬を仕掛けたと言っているのに、現場写真では列車の屋根が吹き飛んでおり、地面で爆発したようには見えないからです。張作霖が乗った列車は三両連結で、どの車両に乗っているか外部からはわかりませんし、ダミー列車もたくさん走らせていましたから、内部に手引きする人間がいなければ、彼が乗った車両だけ爆破させることはできません。

張学良は父が殺される前から国民党員です。しかも一九三六年には、西安事件で蔣介石を捕まえて第二次国共合作を取り付け、のちにコミンテルンから勲章をもらっていますから、最初からソ連あるいはコミンテルンと関係があった可能性もあります。

しかし、日本はこの事件の真相追求と責任者処罰問題で田中首相を糾弾し、一九二九年には天皇から叱られて田中内閣が総辞職しているわけですから、真相はいまだに謎のままです。

張学良が満洲で排日を激化させる

中国のナショナリズムが始まったのは、一九一九年の五・四運動からです。それまで南方の漢人にとって万里の長城の北の満洲は異国でした。ところが、ロシア革命とウィルソンの民族自決の思想により、清朝の領域はすべて中国なのだから、外国人を追い出せという国権回復運動がこのあと満洲でも始まりました。

張作霖の死後、二十七歳で満洲の実権をにぎった張学良は、激しい排日運動を展開します。満鉄に対しては二本の並行線を敷設、武装警官が日系の工場を襲って閉鎖を命じ、設備を破壊したり、鉱山採掘を禁止して坑道を壊したりしました。

張学良は北満鉄道を強行回収したため、ソ連が国交断絶を通告し、ソ連軍が満洲里に侵入して満洲各地を占領するという結果も招いています。日本の関東軍が満洲にいたから、ソ連は講和に応じたようなものです。

張学良の旅大回収運動とは、一九一五年五月に日本が袁世凱政府との間に結んだ二十一箇条要求の第二号「南満洲および東部内蒙古に関する件」は無効である、日本がロシアから継承した旅順・大連の租借権は、一九二三年ですでに期限切れになっているのだから、日本人は出て行け、というものでした。

清朝最後の皇帝溥儀が紫禁城から追い出された事件にしても、「別の人間が結んだ約束など、俺は知らん」というのが中国です。一九〇五年以来すでに四半世紀もの間、日本が現地に営々と続けてきた投資に対する補償などという考えはありません。外国との条約を反故にするのが当たり前というのは、国家意識がないということです。

張学良は日本人への土地商租権を、中国侵略の手段であり領土主権の侵害であるとして、日本人に対する土地貸与を、売国罪、国土盗売として処罰する「懲弁国賊条例」を適用し、一九二九年には「土地盗売厳禁条例」「商租禁止令」など六十におよぶ法令を発して、土地・家屋の商租禁止と、以前に貸借した土地・家屋の回収をはかりました。これによってもっとも苦汁をなめたのが、在満朝鮮人でした。

日本人は一九二六年段階でも満洲全土に十九万人しか住んでいません。満鉄の社員とその家族六万八千人、関東庁二万二千人を含んでこれです。満洲に移住したのは、日本国籍を持つ朝鮮人が圧倒的に多かったのです。

張学良の運動は、森林伐採権、鉱山採掘権などの否認、東三省における関東軍の駐兵権を条約上無効とする撤兵要求、満鉄の接収などエスカレートするばかりで、日本の満蒙権益は追いつめられていきました。そのため、窮状を打破するには武力による解決もやむなしとの機運が、陸軍ことに関東軍をおおっていったのです。

満洲事変の原因を作ったのは？

朝鮮は、日本が日清戦争、日露戦争を戦わざるを得なくなった原因でしたが、じつは満洲事変の原因にも朝鮮人が大きくからんでいます。

今の中国と北朝鮮の国境は、長白山（朝鮮名・白頭山）に源を発し、東に流れる図們江（朝鮮名・豆満江）で、日本海に流れ出る河口付近は、ロシアと北朝鮮の国境でもあります。中国側にある吉林省の延辺朝鮮族自治州は、満洲国時代には間島省と言いました。間島という名称は、朝鮮語カンドを音訳したものです。

この地方は、もともと高句麗および渤海の領土で、清朝発祥の地でもありました。それで清朝では封禁令を出して、この一帯への農民の入植を禁止していました。しかし朝鮮人はつねに河を越えて入ってきたので、一七一二年、清の康熙帝は白頭山定界碑を建てて、ほぼ現在の国境線をさだめたのです。

ところが李朝末期になると、朝鮮北部で干ばつなどの自然災害と大飢饉が発生し、多くの朝鮮人難民がこの地に移住しました。少し遅れて南方から漢人難民も流入し、朝鮮人よりやや北よりに定住集落を作っていきました。

一八六〇年の北京条約で沿海州をロシアに奪われて初めて、この地方の重要性を認識した清朝は、ここから朝鮮人を追い出すことを決意しますが、ロシアに対して弱腰になっていた清朝を甘く見た朝鮮側は、この地は朝鮮領であると主張し、朝鮮人はふえる一方でした。

朝鮮半島の外交権が日本に移り、統監府が設置された一九〇七年、日本は間島に派出所を置き、一時この地方は日本官吏によって監督されました。その後、清国が、日本がもし間島で譲歩するなら、満洲諸懸案に対する日本側の主張を承認しようと申し出たので、一九〇九年、日本は清と間島条約を結び、この地が清領であることを認めました。

ところが、日本が韓国を併合した一九一〇年以降、朝鮮人は日本人としてどんどん移住し、一九三〇年には、その数は六十万人に達しました。そのほとんどは貧農層で、漢人や満洲人地主の小作人になりました。

今では北朝鮮も韓国も、日本の朝鮮総督府による土地調査事業や、日本軍による食料の収奪のせいで生活に困窮し、満洲に逃げたと主張しますが、それは違います。北朝鮮よりも満洲のほうがよほど地味も豊かで、生活水準が上がったからです。

ソ連に誕生したコミンテルンの工作が間島におよび、一九三〇年に武装蜂起した間島暴動は、張学良支配下の東北官憲によって徹底的に弾圧されました。張学良は、共産主義といりまじったこの朝鮮民族団体を日本帝国主義の手先と考え、弾圧の対象を政治団体から一般の朝鮮人にまで拡大しました。

一九三一年二月、国民党は「鮮人駆逐令（せんじんくちくれい）」によって朝鮮人を満洲から追放しようとしたので、行き場を失った朝鮮人農民は、長春の西北約二十キロの万宝山（まんぽうざん）に入植しようとしました。七月に現地の中国人農民が彼らを襲撃すると、日本国籍を持つ朝鮮人保護を名目として、日本は武装警官隊を送って武力でおさえこみます。さらにそれを韓国の新聞が中国の不法行為として大々的に報道したため、こんどは韓国各地で排華運動が起こりました。平壌では数千人の朝鮮人群衆が中国人街を襲い、国際連盟が派遣したリットン調査団の報告書によると、百二十七人の中国人が殺されたといいます。満洲事変の直接の引き金となった事件です。

満洲事変から満洲国建国

一九三一年九月に始まった満洲事変では、一万数百人の関東軍は、奉天、営口、安東、遼陽、長春など南満洲の主要都市をたちまち占領し、さらに独断越境した約四千人の朝鮮軍の増援を得て、管轄外の北満洲に進出、十一月には黒龍江省の首都チチハルを占領し、翌三二年二月ハルビンを占領して、東三省を制圧します。

張学良の東北軍の主力十一万は張学良とともに長城線以南におり、残留部隊も各地に散在していました。当時、蔣介石率いる国民党は、全力を共産党包囲掃討作戦に集中しており、北平（北京）にいた張学良に東北軍の不抵抗・撤退を命じました。ソ連は第一次五カ年計画達成に余念がなく、中立不干渉を声明します。これが関東軍の発言力を高め、のちに陸軍中央や日本政府が現地解決を認める方針におちいる一因となりました。米英も一九二九年に始まる経済恐慌から回復していなかったため、関東軍の軍事行動がスムーズに進んだのです。

現地では反張学良の有力者が各地に政権を樹立し、蔣介石の中央政府からの独立を宣言します。そして一九三二年二月十六日、奉天に張景恵、臧式毅、熙洽、馬占山の四巨頭が集まり、その他、熱河省の湯玉麟、内モンゴル哲里木盟長の斎黙特色木丕勒、ホロンブイル副都統の凌陞（リンシエン）を委員とし、張景恵が委員長をつとめる東北行政委員会が満洲国の建国宣言を行ないました。満洲の人にしてみれば、十年先の税金まで取って軍事費として自分のポケットに入れる張学良よりも、日本と上手くやっていったほうがましだったのです。

反対意見もありましたが、結局、土肥原賢二（どいはらけんじ）奉天特務機関長が前年に天津の日本租界から連れだしていた清朝最後の皇帝溥儀が、執政という名の国家元首に就任しました。

日本は、満洲事変勃発からほぼ一年後に、ようやく満洲国を正式に承認しました。国際連盟をおそれて承認をしぶっていた犬養毅（いぬかいつよし）首相が、五・一五事件でテロにたおれた一カ月後、衆議院が満場一致で満洲国承認を決議したのです。

イギリス人のリットン卿を代表とし、仏・伊・独・米の委員、計五人のリットン調査団の報告書は、日本軍の武力行使が自衛のためではなく侵略行為で、不戦条約に違反し、中国の主権を侵していると指摘しましたが、結論部分では、日中間に新しい条約を締結させ、満洲における日本の本来の権益を確保させることや、満洲には中国の主権の範囲内で広範な自治を認める自治政府を作り、その政府に日本人を含む外国人顧問を任命する方向で解決をはかるべきだと勧告しました。

ところが、一九三三年二月国際連盟総会が満洲国不承認を決議したため、三月に日本は国際連盟を正式脱退します。日本側の言い分は、中国側がそれまで日中間の諸条約を無視しつづけ、日本の権益を侵害してきたのであって、中国は組織化された国家でなく、諸国間の通常の関係を規制する国際法を適用できない、というものでした。

日本との徹底抗戦を避けたかった蒋介石は、長城線の南の東西二百キロ、南北百キロの地域を非武装化する塘沽（タンクー）停戦協定を日本と結びました。中国国民政府は、一九三四年十二月、満洲帝国と通郵協定、設関協定を結んでいますので、事実上満洲国の存在を承認したわけです。

満洲国は日本の傀儡（かいらい）国家ですが、当時の世界六十カ国のうち、二十一カ国が国家承認しました。決して少ない数ではありません。同じように清朝崩壊後に誕生したソ連の傀儡国家であるモンゴル人民共和国は、ソ連以外に一国も承認しなかったのです。

蒋介石は共産党が嫌いだったのに国共合作をさせられる

蒋介石は日本と戦争をしたくありませんでした。日本よりも共産党のほうを危険視していたからです。だいたい、孫文の国共合作のせいで、蒋介石の下にはコミンテルンのスパイがいっぱいいました。

蒋介石の北伐の途中、一九二七年三月に国民党軍が南京を占領すると、領事館が掠奪を受けて二千人の死傷者を出し、英米宣教師が殺害されたので、英米の軍艦が居留民保護の名目で南京城内を砲撃して、英・米・仏・日・伊の五カ国から蔣介石は抗議を受けます。四月にも上海の労働者がコミンテルンの指示で外国人を殺しました。それで蔣介石は反共クーデターを起こして共産党員を逮捕し、国共合作が破れるのです。

共産主義者は暴動を起こし、すぐ人を殺すし、裏切るし、何でもする人たちだということは、歴史が証明しています。蔣介石にしてみれば、治安維持のためには共産党と戦うしかなかったのです。蔣介石の妻の宋一族も外国との関係で儲けた金持ちです。共産党は外国の投資も金持ちの金も全部ふんだくるつもりですから、諸外国列強は蔣介石に、共産党をなんとかしないといっさい援助しないと言ったのです。これが蔣介石が共産党を排斥する一番大きな理由だったでしょう。

各地の軍閥もまた自分の地盤を大切にしていますから、地主を殺してその資産を分配しようとする共産党は最後まで嫌いだったと思います。

しかし、国民党による中国統一といっても、実際には辛亥革命以後、各地に割拠している軍閥が、うわべだけ南京の国民政府を立てているだけで、蔣介石のライバルばかりです。日本の「中国侵略」を口実にして、中国人の反日・排日・侮日行為をあおれば、日中関係を悪化させて蔣介石の足下をほりくずせます。だから地方軍閥も、反政府的な言論を商売にする上海の文化人も、陝西省北部に立てこもる共産党も、この点では利害が一致し、嫌がらせとして大陸在住の日本人に手を出し、日本を怒らせるようなことばかりしました。

そして一九三六年、蔣介石は、共産党の討伐を担当していた張学良に逮捕・監禁され、助命と引き替えに抗日を約束させられてしまいます。この西安事件で、蔣介石は自分の意志に反して共産党と妥協し、日本との軍事対決に踏み切らざるを得ないところに追い込まれました。

日本と中国を戦わせて漁夫の利を得たかったのがソ連と共産党であることは間違いありません。

支那事変

一九三七年七月七日、蘆溝橋（ろこうきょう）で軍事演習中の日本軍が銃撃されました。なぜ日本軍がいるかというと、北清事変後に結ばれた北京議定書で駐屯する権利が認められたからです。同月二十九日、通州（つうしゅう）で日本人居留民二百六十名が中国軍に虐殺されました。それでも日本政府は不拡大方針を唱え、蔣介石も戦争に踏み切りませんでした。八月に上海で日本海軍の軍人二人が中国軍に射殺される事件が起こり、とうとう日中の交戦が始まりましたが、これで始まったのは日中戦争ではなく支那事変です。なぜかというと、日本も蔣介石も宣戦布告をしていないからです。

中国奥地の重慶に避難していた中華民国国民政府が日本に対して宣戦布告をしたのは、一九四一（昭和十六）年十二月九日、日本軍がハワイのパール・ハーバーを攻撃して大東亜戦争が始まった翌日のことです。

日本のほうも、昭和十六年十二月に「支那事変も含めて大東亜戦争とする」という閣議決定までは、中国との交戦は事変でした。

事変と戦争は違います。戦争になると居留民保護は軍隊の権限になり、軍が民間人に命令を出すことができます。ところが事変のときは居留民保護は外務省の管轄になるので、軍は間接的な方法でしか居留民を守れません。日本の陸軍も海軍も、日本人排斥運動がひどくなる一方の中国大陸における居留民保護に関しては、たいへん苦労をしたのです。

支那事変を日中戦争と言い換えさせられたのは戦後です。戦勝国の一員となった中華民国が、「支那」は蔑称だから禁止しろ、と言い出し、GHQ（連合国最高司令官総司令部）の占領軍に迎合する日本人が、あらゆる方面で自己規制したせいです。

大東亜戦争を太平洋戦争と言い換えさせられたのも、日本が、アジアにおける欧米の植民地解放のために大東亜戦争を戦ったという目的を、戦後の日本人に教えさせないためでした。太平洋戦争というとアメリカとだけ戦争したように聞こえますからね。

南京で無辜の民三十万人を日本軍が虐殺したという話は、GHQ占領下において、アメリカが主導して開かれた東京裁判（極東国際軍事裁判）で突然出てきました。東京裁判は、勝利国が敗戦国である日本にあらゆる戦争責任を押しつけたもので、公平な裁判とはとても呼べないリンチのようなものでした。

アメリカこそが、日本全土二百以上の都市への無差別空襲によって、三十万人を越える日本の非武装の民間人を殺し、広島と長崎への原爆投下では、五年以内の死者数三十万人を越えるような大虐殺を行なったのでした。戦争が終結したあと、さすがに気がとがめたのでしょう。原爆投下は戦争を早くやめさせるためだったと言いわけをしただけでなく、その前に日本人が南京の市民を大虐殺していたから、これに対する報復措置だったということにしたのです。

もし本当に三十万人もの中国人が殺されていたなら、国際的な宣伝戦が本当に上手だった蔣介石や毛沢東が、そのことを利用しなかったはずはありませんが、同時代の記録のなかには何も出てきません。

そもそも毛沢東は、一九三七年に始まる支那事変の全期間を通じて中国西北の延安に閉じこもったまま、戦後の国民党との戦いに備えて兵力を温存していました。だから中国共産党は日本軍とほとんど戦っていません。抗日戦勝利というのも歴史の書き換えです。このように、現代史はそれでなくとも政治と密接な関係があるので、真実を追究するのはとても難しいことなのです。

第8章

日本の敗戦後の中国大陸と日本人の運命

本書の最後に、日本の敗戦後の中国大陸の状況について、これまで私が調べたことを簡単に述べておきます。支那事変と大東亜戦争の詳細は、私の専門ではありませんし、この本の趣旨とも違ってきますので、ここでは述べないことをお許し願いたく思います。

日本の敗戦と満洲帝国崩壊

一九四五年二月、米国のルーズベルト大統領、英国のチャーチル首相、ソ連のスターリン首相によるヤルタ会談で、ソ連は対日参戦の見返りとして、日露戦争で失った南樺太の回収、満洲における権益復活、日本のシベリア出兵の代償としての千島列島併合を認められました。しかし、その頃の日本は、四月にソ連から日ソ中立条約の不延長を通告されたにもかかわらず、ソ連を仲介として米英との講和をはかろうとさえ考えていたのです。五月にドイツが無条件降伏したあと、七月二十六日、対日ポツダム宣言が発表されました。

八月六日に広島に原爆が投下されると、ソ連は、自国が参戦する前に日本が降伏し、発言力が低下することをおそれて、予定を繰り上げて八月八日に日本に宣戦布告し、九日にはソ満国境に展開する百七十四万人の極東ソ連軍に攻撃開始を命令しました。つづいてモンゴル人民共和国も、八月十日に日本に宣戦布告します。

長崎に原爆が投下された八月九日、満洲帝国では、朝鮮国境近くの通化(つうか)へ関東軍総司令部を移転することを決定しました。関東軍は、満洲帝国皇帝溥儀(ふぎ)と張景恵(ちょうけいけい)国務総理にも同行を求め、首脳陣は十一日に首都の新京を脱出し、十三日に朝鮮と河一つへだてた臨江(りんこう)郊外の大栗子溝(ダーリーズごう)に到着します。そして、十八日にこの地で満洲帝国皇帝退位式が行なわれました。

皇帝一行は日本に亡命する手はずでしたが、十九日に軍用機で通化を出て奉天空港に到着したときには、ソ連軍がすでに空港を接収しており、溥儀と皇弟溥傑(ふけつ)らはソ連軍に拘束されて、張景恵らとともにチタに連行されました。一行はのちにハバロフスクの収容所に入れられ、東京裁判には、ソ連から連行されてきて証言台に立ったのでした。

ソ連は、溥儀を利用して、今度は自分たちソ連による傀儡満洲国をつくろうと考えたらしいのですが、やがて溥儀を見放したようで、一九五〇年になって中国共産党に引き渡します。溥儀はこのあと、撫順(ぶじゅん)、ハルビン、再び撫順と中国共産党の監獄に収容され、他の満洲帝国戦犯とともに労働改造と思想教育を受け、罪を告白して、一九五九年十二月に特赦によって釈放されました。晩年は北京植物園の庭師となり一般市民として過ごしましたが、一九六七年、文化大革命の最中に腎臓癌により六十一歳で亡くなりました。

満洲に投資した日本人

終戦時、旧満洲にいた日本人は、軍人を含めて約二百二十万人と言われています。百五十五万人の日本人がいた、という史料もあります。そうすると、軍人が六十五万人という計算になります。

前述したように、一九二六年には、日本人は満洲全土で十九万人しかいませんでした。満鉄の社員とその家族六万八千人、関東庁二万二千人を入れての数です。満洲国が建国されたあと、百三十五万人もの日本人が満洲に渡ったということになります。

満洲の人口は、日露戦争前は百万人とも数百万人とも言われていますが、一九一一年の辛亥革命のころには千八百万人、一九一五年には二千万人になっていました。一九三八年には総人口三千九百万人で、漢人と満洲人が三千六百万人、朝鮮人が百万人、モンゴル人が百万人、日本人が満洲帝国に五十二万人、関東州に十八万人、回教徒が十七万人、ロシア人が五万六千人などです。一九四一年には満洲帝国の総人口は四千三百万人になっていました。中国の近現代史では、満洲へ流入した労働者のほとんどを強制連行被害者と言いますが、万里の長城の南よりも満洲のほうが仕事がたくさんあったから移住したのに違いありません。

満洲国建国後、日本の敗戦によって国家が消滅するまでの十三年半の間に進められた経済建設は、三期に分けられます。

第一期（一九三三〜三六年）は、満鉄を通じて、治安維持、国家機構の整備、基礎産業および輸送通信機構の整備を行ないました。満洲国政府は、すべての鉄道の経営を満鉄に委託しました。満鉄は、あらゆる会社を設立し、ホテルを経営し、都市建設も行ないました。五年間の日本の対満投資十一億六千万円のうち、八〇パーセントは、満鉄への投資でした。

第二期（一九三七〜四一年）には、産業開発五カ年計画が始まります。日産財閥が満洲に進出し、満洲重工業株式会社（満業）と社名を変更して、資本金二億二千五百万円で、同額を現物出資した満洲帝国と折半出資となり、重工業を育成しました。

第三期（一九四二〜四五年）には、支那事変のせいで日満華一体と言われるようになり、鉄鋼、石炭と農産物に重点が置かれて開発計画の変更を余儀なくされます。しかし、一九四三年に対日供給が予定通り遂行されたということは、現地に無理をさせたのでしょうが、満洲の開発が進んでいた証拠でもあります。

一九三六年、日本は国策として、満洲国開拓移民計画を策定しました。二十年後の満洲国総人口を五千万人と推定し、その一割の五百万人を日本人が占めることをめざしたのです。日本内地で募集された満蒙開拓団約二十七万人は、軍事的配慮から北満に配置され、一九四五年五月、壮年男子は根こそぎ動員されて、約二十二万人の女子供が残りました。このうち、一万人以上がソ連軍に虐殺され、残留孤児もこの人たちの中から生まれたのです。

「シベリア抑留」と日本人の引き揚げ

八月十四日、日本はポツダム宣言受諾を回答し、十五日天皇陛下の終戦の詔勅がラジオから流れました。十六日には大本営から即時戦闘行為停止の命令が出たので、関東軍総司令部では停戦と降伏を決定します。しかし、そのあともソ連は戦闘をつづけ、占領地の拡大をはかりました。

八月十九日東部ソ満国境ハンカ湖近くで日ソ間の停戦交渉が行なわれましたが、ソ連首相スターリンは、二十三日に日本軍捕虜五十万人のソ連移送と強制労働利用の命令を下します。日本軍の武装解除は八月下旬までに終わりましたが、ソ連軍は復員を認めず、すでに離隊していた男までも強引に連行しました。今のロシアが九月二日を終戦記念日としているのは、日本の北方領土での戦闘行為とともに、この違法行為を覆い隠すためです。

ソ連軍は、長春（旧満洲帝国の首都新京）に進駐したあと、満鉄社員の現職継続を指令し、満鉄を利用して、全満洲の重要な重軽工業の施設機材や物資を本国に搬送しました。ソ連が運

図18　モンゴル人民共和国から奉天へ向かうソ連軍

び去ったものには、水力発電機、石炭、鉄、機械、木材、セメント、小麦粉から、学校の机や便器まであったといいます。

日本人捕虜はまず、これら満洲の産業施設の工作機械を撤去しソ連へ搬出するために使役され、八月下旬ごろからソ連領内に移送されました。総数五十七万五千人とされていますが、実際は七十万人近くが移送されたとも言われます。

日本人抑留者たちは、シベリアだけでなく、モンゴル人民共和国、中央アジア、ヴォルガ河畔、コーカサス地方にまで送られ、鉱山、鉄道、道路建設、工場、石油コンビナート、森林伐採などの重労働を強いられました。「シベリア抑留」は言葉の矮小化で、「共産圏抑留」と言うべきではないでしょうか。およそ六十万人の抑留者のうち、約一割にあたる六万人が、極端に悪い食糧事情のなかでの重労働によって亡くなりました。

一九四五年十一月になって、日本政府は、関東軍の軍人がシベリアに連行され強制労働をさせられているという情報を得ます。一九四六年五月、日本政府はアメリカを通じてソ連との交渉を開始し、同年十二月ようやく日本人抑留者の帰国に関する米ソ協定が成立しました。十二月八日ナホトカ出港の引き揚げの第一陣、計五千人が舞鶴に入港し、これから、漸次引き揚げが行なわれましたが、受刑者をふくむシベリア抑留者の最後の引揚船が舞鶴に入港したのは、一九五六年十二月でした。

ソ連は、軍関係者を根こそぎシベリアへ連行したあと、一般人の引き揚げに関しては、無関心というより冷淡でした。一方、米国は、日本人は全員日本に帰還させるという方針を堅持しました。すでに国共内戦が始まっていましたが、三人小組（米軍、国民党軍、中共軍の代表からなる調停委員会）が活動をつづけ、残留日本人の現地状況の調査を行ないました。アメリカは、中国大陸から日本の影響を消し去りたかったのでしょう。国民党の進出地域では、四六年五月から日本人の計画的な引き揚げが実行され、八月には中共地区からも日本人の送出をはじめる協定が成立しました。

満洲各地で難民となった日本人は、各都市の日本人会によって小学校や官舎や寮に収容され、集団生活を送りましたが、栄養失調や発疹チフスなどで、一九四五年中におよそ九万人、四六年五月までにさらに四万人が亡くなっています。

国民党軍と共産党軍の国共内戦と米ソ冷戦の開始

一九四五年八月十日、日本のポツダム宣言受諾の報が連合国に伝わり、百二十八万人の日本軍と七十八万人の汪兆銘政府軍が接収の対象に転化したとき、延安の共産党司令部は、ソ連赤軍に呼応するため、旧東北軍を中心とする部隊に、察哈爾・熱河・遼寧・吉林に向かって進軍を命じました。

蔣介石は連合国との協議にもとづき、共産党軍に「原地駐防令」（命令があるまで現在地にとどまるように指示）を出しましたが、蔣介石は四川省の重慶を本拠地とし、国民党軍は前線から離れていたので、共産党軍より立場が悪かったのです。それで蔣介石は、日本軍在華最高司令官岡村寧次に、軍事行動停止後、日本軍は武器と装備を保有し現在の態勢を保持すること、そして駐在地の秩序および交通を維持し、中国陸軍総司令何応欽の命令を待つように要求しました。日本軍に共産党軍の侵攻を阻止させようとしたわけです。

蔣介石は八月十四日モスクワで中ソ友好同盟条約を調印し、二十四日には批准書を交換しましたが、この時期すでに満洲はソ連軍に制圧されており、スターリンは国民党軍が満洲に進駐することに反対しました。ソ連は、日本軍から押収した武器弾薬を中共軍に供与するつもりだったからです。

アメリカ政府は、ソ連の侵入に備えて万里の長城の南側の華北に、五万三千人のアメリカ海兵部隊を送りました。さらにアメリカ空軍は、広東、福州、廈門（アモイ）、長沙の飛行場から、上海、天津、北京、長春、奉天、ハルビンに向けて八万人の国民軍を空輸しました。しかし、ソ連は国民党軍が満洲に進出するのをできるだけ阻止しようと、大連は商業港であるから軍隊の上陸は許さないなど、国民政府を愚弄しつづけました。

一九四五年十二月に国民党がようやく山海関を占領したころ、共産党軍はすでに満洲の百五十四の県、七十ほどの都市を占領していました。このあと国共両軍は満洲各地で激突します。一時は国民党軍が有利でしたが、一九四八年三月に国民党軍は吉林を失い、十月以降、錦州、長春、瀋陽で共産党軍が勝利し、満洲は共産党のもとに入りました。中華人民共和国が成立したのは、その翌年一九四九年十月のことです。

ソ連軍は、一九四五年八月二十二日に大連に無血入城したあと、十月二十七日に中国人代表を大連ヤマトホテルに集めて、大連市長などを選出します。大連市は四六年七月から日本人の大規模住宅を接収し、十二月から始まった送還で二十万人の日本人が帰国したあと、その空き家約一万六千戸を中国人に支給しました。

しかし、ソ連は大連港の管理運営は手放さず、中国長春鉄路となった旧満鉄も、中ソ合弁でしたが実質的にはソ連軍が接収しました。結局、朝鮮戦争などの東西陣営の対立激化のなかで、ソ連はようやくこれらの返還を決め、一九五一年二月に大連港が中華人民共和国に返還され、五二年十二月に中長鉄路が中国の単独管理となったのです。

朝鮮戦争

本書は中国の近現代史を述べるものですが、読者のみなさまにはすでにおわかりの通り、朝鮮半島を抜きにした日中関係は存在しません。今でも、朝鮮半島問題を考えない東アジアの政治はあり得ません。それで、日本敗戦後の朝鮮情勢について、ここで簡単に触れておきたいと思います。

一九四五年の日本の敗戦後すぐに米ソは対立し、朝鮮半島の三十八度線が軍事境界線となりました。一九四六年一月には南北の移動ができなくなったため、満洲からの日本人引揚者は、山東半島や遼東半島に集まって、アメリカの軍艦で帰ってきたのです。

朝鮮半島の南では、GHQの軍事占領下で、両班（ヤンバン）階級出身ですがアメリカで暮らしていて日本統治下の経験がまったくない李承晩（りしょうばん）が、ライバルを暗殺して、一九四八年八月十五日に初代大統領に就任し、大韓民国が建国されました。韓国は日本から独立したのではなく、アメリカの軍事占領下から独立したのです。

一方、北では、ソ連が沿海州から軍艦に乗せて「これが伝説の金日成将軍」だと言って送り込んだ金日成が、一九四八年九月に首相となって朝鮮民主主義人民共和国が建国されます。

日韓併合の前から、日本の陸軍士官学校を出た金日成将軍が将来韓国を独立させるという物語が語られており、金日成という名前は、反日パルチザンのヒーローだったのです。

それぞれの怪しい話は、拙著『悲しい歴史の国の韓国人』（徳間書店）に書きましたが、李承晩大統領は「北進統一」と言い、金日成主席は「国土完整」と言い、南北どちらの憲法でも相手の国はないことになっています。こうなると、朝鮮戦争が起こるのは必然です。

一九五〇年六月、北朝鮮の奇襲により朝鮮戦争が勃発しました。日本では長い間、朝鮮戦争は南が仕掛けたと教科書にまで書かれていましたが、これは当時の日本では左派勢力が圧倒的に強く、社会主義はすべて善で、資本主義は人民を搾取する悪の勢力という図式がまかりとおっていたからです。

金日成がなぜ南を武力統一できると考えたかというと、北は農業の適地ではなく鉱物資源に恵まれていたので、日本が北に工業地帯を開発したからです。工場を動かす電力を供給するため、当時では世界最大級の水豊ダムも建設しました。地上の楽園ではなかったにしろ、南より

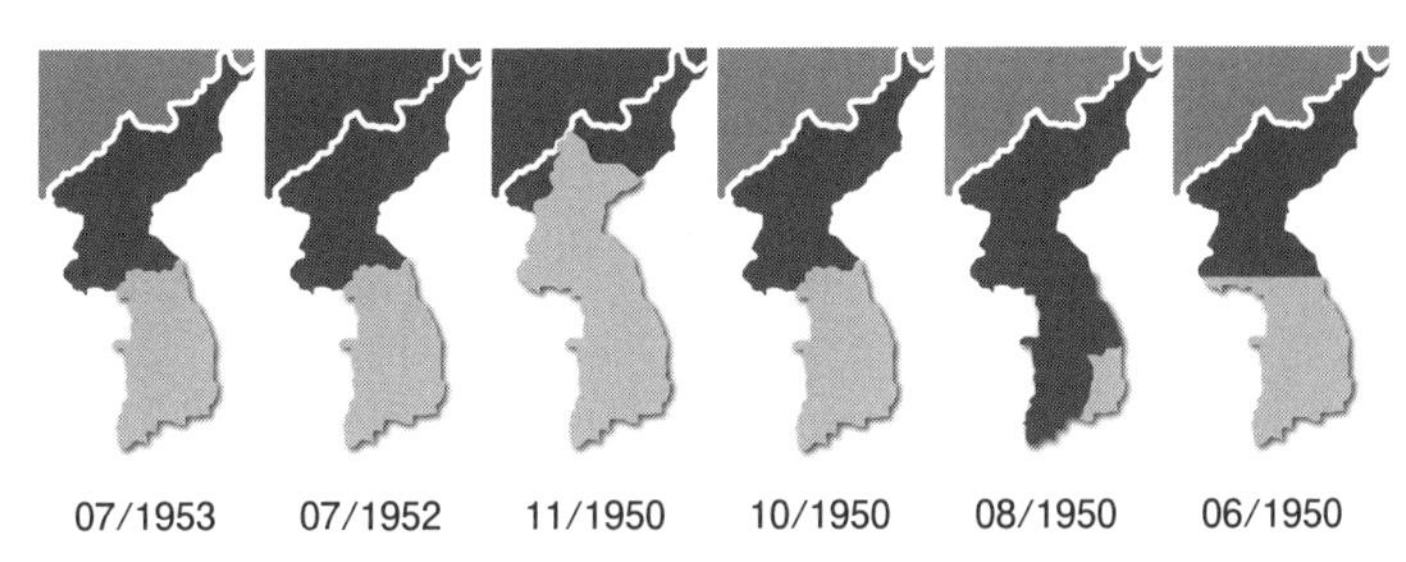

図 19　朝鮮戦争占領地域の推移

も北のほうが近代化が進んでいたのが、金日成が南に侵攻した理由でした。

緒戦は北朝鮮の圧勝で、李承晩大統領は漢江の橋を爆破して、部下を見捨てて自分だけ釜山に逃げました。国連軍司令官マッカーサーの仁川上陸作戦が成功し、ソウルに戻った李承晩は、一九五一年、江華島良民虐殺事件を起こします。江華島は北朝鮮軍に一時占領支配され、そのときに北を支援したという理由で島民を虐殺したのです。さらに国民防衛軍幹部の物資横領で、九万人の韓国軍兵士を朝鮮戦争の最中に餓死させています。李承晩は、日本の訓練を受けた部隊が嫌いで、日本の陸軍士官学校出の将軍も気に入らなかったのです。

一九五二年一月には、李承晩ラインを勝手に宣言し、日本漁船の拿捕、日本人漁民の殺傷、抑留が頻発します。そして、一九五三年四月に韓国は竹島を占拠しました。

朝鮮戦争は一九五三年七月に停戦協定がまとまりますが、これはアメリカが停戦協定に署名しただけで、韓国の要人は署名していません。自国の戦争なのに他人ごとで、大韓民国は国家としての役割を果たしていません。だから、北は主体（チュチェ）思想を持ち出して、南をばかにするのです。

朝鮮戦争は本当に悲惨な戦争でした。韓国軍の死亡、負傷、行方不明者は九十九万人。北朝鮮を合わせると死亡、負傷、行方不明者を含めて百九十万人に上ります。米軍だけでも十五万人、中国軍は九十万人。軍人だけで死亡、負傷、行方不明者は三百万人、民間人は二百万人です。日本が中国大陸を侵略したと言われる十五年戦争（実際はまったく違いますが）と同じレベルです。

戦争による破壊によって、南だけで工場、建物の四十四パーセント、機械施設は四十二パーセント、発電設備の八十パーセントが被害を受けました。せっかく日本の統治時代に近代化を実現していたのに、その遺産が灰塵に帰してしまったのです。

一九六五年に日韓基本条約を締結したあと、日本は韓国に対して、無償協力金三億ドル（約千八十億円）、円有償協力二億ドル、民間借款三億ドル以上を出資しました。当時の韓国の国家予算が三億五千ドル、日本の外貨準備額が十八億ドル程度だったときにです。韓国はその資金を元に「漢江の奇跡」と呼ばれる経済発展を遂げました。その他、日本が朝鮮半島に残してきた財産や資産は計五十三億ドルあったそうです。

中華人民共和国と日本の国交「樹立」

日本の敗戦後の四年間におよぶ国共内戦に勝利して建国された中華人民共和国の真実の歴史を語るのは、今でもたいへん困難です。なぜならまず第一に、序章でも述べたように、中国人にとっての歴史は政治そのものだから、本当のことを書き残したいという動機を中国人が持つことはないからです。第二に、中華人民共和国は、今でも中国共産党の支配下にあるのだから、真実の中国共産党史が語られるはずがないからです。

それでも、いつかは私も、第6章で書いた「孫文にまつわる真実と嘘」のような話を、毛沢東についても書きたいものだと考えています。ここでは、私が調べてわかったことを少しだけ述べて、本書を終わりたいと思います。

現代中国は、軍の意向を無視しては何も決まりませんが、中国の軍隊が今日のようになったのは、国共合作によって、ソ連式の軍事組織が中国に持ち込まれたからです。国民党と共産党は、ソ連のボルシェビズムの生んだ双生児、と言われるくらいです。でもその前の長い歴史において、かつては「よい人間は兵隊にならない」ということわざがあるくらい、軍人の地位は低いものでした。それが日清戦争のあと、日本の陸軍士官学校に留学した軍人たちが、はじめて自分の職業に誇りを持つようになったのです。

毛沢東が中国大陸の支配者になったのは、彼が軍事に秀でていたというよりも、他の誰よりも冷酷で非情だったからです。蔣介石率いる国民党に追い詰められた共産党が、江西省の瑞金(ずいきん)を一九三四年に退去し、少数民族地帯をたどって、一年かけて延安(えんあん)に到着したのを「長征(ちょうせい)」と呼びますが、毛沢東は、瑞金における大量殺戮、三十万の紅軍が三万に減った長征、そのあとの延安における整風運動で、モスクワ留学組やコミンテルンの息のかかったライバルはすべて蹴落として、主席になりました。

毛沢東は、自分だけが権力を握るためには同志でも容赦なく殺し、相手の持っているものを奪いつづけて、共産党のトップになったのです。そういうわけで、欲しいものは持っている人間を殺して奪えばいい、というのが、これ以後の中国共産党の方針となりました。

序章で述べたように、日本は、一九四九年に誕生した中華人民共和国と、一九七二年に国交を樹立しました。このあと日本は中国に、ＯＤＡ三兆円、アジア開発銀行や旧輸出入銀行ローンなどをあわせて、合計六兆円にのぼる経済援助を行なってきました。それに対する中国人のお返しが、国連での「尖閣を盗んだ」発言や反日デモなのです。

現代中国とは日本はこれからもつきあっていかなくてはなりません。だからこそ、彼らの弱点である、モンゴルやチベットやウイグルにおける人権侵害について、日本人みんなが知っておくべきだと私は思うものです。

内モンゴル自治区

日本が敗れたあとの一九四六年一月、旧満洲国興安省の官吏だったモンゴル人たちは、東モンゴル人民政府を樹立し、モンゴル人民共和国との統一を望みました。しかし、ヤルタ協定では北モンゴルだけの独立が認められていたので、中国共産党は、配下のモンゴル人であるウラーンフーに内モンゴル自治運動連合会を作らせて、東モンゴル人民政府を吸収合併し、四七年五月、ウラーンフーを長とする内モンゴル自治政府が成立しました。

中国共産党は、国民党に対抗してモンゴル人を味方につけるために、初めは「内モンゴルの領土の保全を尊重する」と言ったり、「自由連邦制にして離脱する権利も保障する」と言ったりしましたので、二年前に誕生していた内モンゴル自治政府は、一九四九年の中華人民共和国誕生に協力したのです。

内モンゴル自治区領域が完成したのは一九五六年ですが、一九六六年五月一日、それまで中国共産党に忠実だったウラーンフーを攻撃することから、文化大革命は始まりました。北方辺境に住む「過去に対日協力の前科をもつ」モンゴル人たちを粛清するためでした。

この頃までに内モンゴル自治区には漢人幹部たちが多く送り込まれており、わずか百頭の羊を放牧するための草原しか持たないモンゴル人でも、すべて搾取階級だと決めつけられ、奪い取ったモンゴル人の草原は、貧しい漢人農民たちに分け与えられました。

一九七〇年には中ソ国境紛争のために自治区は三分の一に縮小しました。領域は戻りましたが、モンゴル族は今では、内モンゴル自治区総人口の十三パーセントにすぎません。

チベット自治区

一九四九年、中華人民共和国建国直前に「チベットは中国の領土である」と宣言した中国共産党は、翌五〇年十月に東チベットを占領し、「チベットが祖国中国に戻った」と宣伝しました。人民解放軍の圧倒的武力の威嚇（いかく）の前で、自前の軍隊をほとんど持たなかったチベットは、「中国の主権」を認めざるを得なかったのです。

中国のチベット人は、チベット自治区の他に、青海省（せいかいしょう）と甘粛省（かんしゅくしょう）西部（チベット語でアムド）、四川省西部と雲南省西部（カム）にも住んでいます。つまり、チベット人の三分の一だけが現在のチベット自治区の領域に住んでいて、あとの地域はもはやチベットとも呼ばれなくなっているのです。

青海では、一九五五年から共産党が土地改革と称してチベット人の土地を奪いはじめ、これに対する抗議はすべて反革命運動と見なされました。一九五八年の青海アムド地区の平定作戦では、十三万人の反乱参加者のうち、人民解放軍が十一万六千人を殲滅（せんめつ）したということです。五百名に膨れあがっていたダライ・ラマ十四世は結局、一九五九年三月にインド北部に亡命しました。

ダライ・ラマ一行が解放軍の包囲を逃れて脱出できたのは、毛沢東がこれを承知の上だったことを示します。以後の反乱平定作戦はきわめて苛酷なもので、インド北部ダラムサラのチベット亡命政府の統計によると、一九四九年に六百万人いたチベット人のうち、一九七九年までに、百二十万人が戦闘・拷問・処刑・飢餓により死亡したということです。

その後も、チベット人の暴動を不可能にするために、優遇策を設けてチベット自治区に漢族の移住を奨励し、行政と軍事は、傀儡（かいらい）のチベット人以外は漢族が握っています。チベット仏教を迷信とし、チベット語を無用で遅れた言葉と教え、これに抗議するチベット人をすべて、民族分裂主義者として処罰し続けているのです。中国がチベットを手放さないのは、水や森林や塩や鉱物資源など、中国内地にはないものがすべてチベット高原にあるからです。

新疆ウイグル自治区

新疆では、一九三三年と一九四四年の二度、「東トルキスタン共和国」が樹立されたことがあります。新疆北部で成立した二度目の共和国（中国はこれを「三区革命」と言います）は、ソ連の支援に頼っていました。一九四九年、スターリンは毛沢東と取引をして、この地域を中国領とすることに同意します。共和国イリ政府の五人の代表は、今後について毛沢東と話し合うため、ソ連経由で北京に向かう途中、乗った飛行機がイルクーツク付近で墜落して、全員死亡しました。指導者がいなくなったあと、中国解放軍が進駐して五二年までに武力抵抗を徹底弾圧し、一九五五年に新疆ウイグル自治区が成立したのです。

自治区成立当時、漢族人口は三十万人ほどでした。しかし、このあと、退役軍人を組織した新疆生産建設兵団（せいさんけんせつへいだん）が、天山北部の荒地を開拓して人口五十万の石河子（せきかし）市を建設しました。九十九パーセントが漢族からなるこの兵団は、新疆各地を開拓開墾し、一九六〇年には新疆の全耕地の半分を管轄下に入れてしまいました。

一九七三年には漢族は三百五十万人で、新疆ウイグル自治区の人口の三十五パーセントになりました。一九九九年からは「西部大開発」の重点地区として、高速道路、鉄道、空港などの建設を進めています。中国の夢の実現である「一帯一路」計画も、この地を通るのです。

二〇〇六年には新疆の総人口約二千百万人の四割が漢族になりました。ウイグル人は四十五パーセントです。そして、このような大量の漢族移民に反発する現地住民の抗議はすべて「民族分裂主義」として弾圧し、ウイグル人すべてをテロリスト扱いしているのです。

おわりに

現代中国や韓国が国際的に主張し、また自国民に教育している近代史は、七十二年前に終わった日本の満洲や朝鮮半島統治を侵略と断定し、何の証拠もないのに日本人の残虐性を言い立てています。最近になってようやく日本人は、中国や韓国の言い分は政治的発言が優先し、嘘ばかりであることに気づきました。

しかし、もっと重大な問題は、まったく史実ではないそれらの事柄を、中国や韓国や、北朝鮮とすら仲良くしたい日本の進歩的知識人が、現地の言い分を重んじるという耳あたりのいい言いわけをしながら、日本の将来をになう若者を育てるための大切な歴史教科書に、そのまま取り入れていることです。しかも文科省の教科書検定も、「近隣諸国条項」などという規定が取り入れられ、史実かどうかよりも、中国や韓国との間で事を荒立てないようにという政治的判断を優先してきましたから、将来の日本を背負う子供たちに、自分の国に誇りを持てないような教育をしているのです。

真面目な先生ほど教科書通りに教えますし、なんか変だと思う先生たちは、近現代史をあまり熱心には教えません。その結果、何一つ史実を知らない日本人が、中国や韓国の言い分ばかりを聞かされて、そうなんだ、と思わせられる事態におちいってしまっています。日本の指導者を自任する人たちが、みずから自分たちの国家や先祖をおとしめ、嘘によって自国民の誇りを失わせるようなことをしていいものでしょうか。

前述したように、南京大虐殺は戦後の東京裁判のときに初めて出てきました。もし原爆や空襲で何十万人も殺されたのが中国人だったら、子々孫々まで、決してアメリカを許さずに報復を考えるでしょうが、日本人は、戦争のせいだから仕方がないとすべて水に流して生きてきました。軍事では敗れたけれども次は経済では負けないと、奇跡のような戦後復興も遂げたのです。

もちろん、アメリカに負けた悔しさを忘れず、反米になった日本人もいますが、問題は、反米がそのまま、親ソ・親中・親北朝鮮になったことです。

私が不思議に思うのは、左翼の進歩的知識人と呼ばれている日本人たちが、反米なのにもかかわらず、アメリカが押しつけた戦後憲法を後生大事にしていることです。日教組に代表される左翼の人たちは、戦前の日本の軍国主義こそが原爆投下の原因だ、アメリカと戦争さえしなければ日本は平和だったのに、と主張します。日の丸にアレルギーを示し、国歌斉唱にも起立しない教師は、いまだにアメリカがおしつけた東京裁判史観にマインドコントロールされているのです。

日本のマスコミや教育界がどうしてこんなに反日的なのかを私はずっと考えてきました。そして今ではこのように思います。

GHQの占領下で、アメリカだけでなく戦勝国になった中国やソ連にまで迎合し、さまざまな分野で本来の実力ではない権力を手にして影響力をふるった敗戦利得者の日本人は、その後も自分たちの利権を維持することばかり考えてきました。ことに教育界においては、彼らの弟子たちがその後ずっと日本の歴史教科書づくりを独占しているために、真実が語られないままなのではないかということです。

中国も北朝鮮も韓国も、今現在、国家を率いている支配層の統治の正統性は、他人の領土を侵略した悪い日本に抵抗して自分たちの民族国家を打ち立てた、という物語にあります。だから、自分たちの国内政治がうまくいかず国民の人気がなくなりかけると、日本がいかに悪かったか、それに比べて自分はいかに正しいかを国の内外に改めて表明しなければならなくなるのです。より反日であるという競争で政敵に勝つしかない、日本にとって極めて不幸な状況です。

同じことはじつはアメリカにも言えます。日本が悪いことをしたから原爆を落としたことは正義だったと、戦後七十年以上、自分たちの過去を正当化してきました。もし日本がそんなに悪いことをしておらず、台湾や朝鮮半島の近代化に貢献し、植民地搾取（さくしゅ）もしていなかったとしたら、自分たちの方が無辜(むこ)の民を大量虐殺したという悪魔の仕業(しわざ)をしたことになります。それだけは断じて認めることはできません。だから、史実かどうかではなく、自分たちにとってどちらの説明が都合がいいか、ということで判断をしようとします。アメリカ人がそういう気持ちでいることを知っているから、中国や韓国が日本に対して強い態度に出られるというわけです。

南京大虐殺や従軍慰安婦問題は、このような理由で世界中で日本叩きに使われています。しかしながら、だから、あきらめましょう、と私は言っているのではありません。中国人や韓国人やアメリカ人が、日本人の言うことに正義があると思うことは、それらの国家が続いている限り絶対無い、とわれわれのほうで覚悟を決めればいいだけです。史実を立証しさえすれば問題は解決する、日本人が悪くないことを相手も理解するだろう、という期待を持たなければいいのです。

われわれは、将来の日本のために史実を明らかにし、それを世界に発信することだけを考えましょう。中国や韓国には、歴史を持ち出さないなら付き合います、と言えばいいのです。

中国における歴史は政治そのものである、ということを日本人が理解することがすべての出発点になると私は思います。本書が日本人の自虐史観のマインドコントロールを解く一助になることを願っています。

本書は初め、北海道の柏艪舎から、『教科書で教えたい真実の中国近現代史』として刊行されましたが、そもそもの依頼が、二〇一一年にビジネス社から刊行した『真実の中国史「1840―1949」』を、実際に使われている教科書の内容と照らし合わせて、教科書のどこが問題かを、学生や父兄に解説するという形式の本を書いてくれということでした。ですから私は、本書を書くために、日本の中学や高校で使用されている代表的な教科書を読み、一般書も参照しました。少し真面目な固い本になったのは、そのせいですが、索引もつけましたし、これから中国の近現代史を勉強したい人にとっては、親切な本になったのではないかと自負しています。

今回、序章を書き換え、さらに日本の敗戦後の第8章を書き加えた大幅な改訂版を、ふたたび縁のあるビジネス社から刊行できることになり、とても嬉しく思います。刊行に尽力して下さった唐津隆社長には、心から御礼を申し上げます。

二〇一七年十一月

宮脇 淳子

参考文献

本書でおもに参考にした書籍（図版の引用を含む）

岡田英弘『中国文明の歴史』講談社現代新書、二〇〇四
岡田英弘編『清朝とは何か』藤原書店、二〇〇九
岡田英弘『読む年表　中国の歴史』ワック出版、二〇一二
岡田英弘著作集Ⅳ『シナ（チャイナ）とは何か』藤原書店、二〇一四
岡田英弘著作集Ⅴ『現代中国の見方』藤原書店、二〇一四
宮脇淳子『世界史のなかの満洲帝国』ＰＨＰ新書、二〇〇六
宮脇淳子『真実の中国史［1840-1949］』李白社発行、ビジネス社発売、二〇一一
宮脇淳子『真実の満洲史［1894-1956］』ビジネス社、二〇一三
市古宙三『世界の歴史20　中国の近代』河出書房、一九六九
並木頼寿・井上裕正『世界の歴史19　中華帝国の危機』中央公論社、一九九七
吉澤誠一郎『清朝と近代世界』シリーズ中国近現代史①、岩波新書、二〇一〇
川島真『近代国家への模索』シリーズ中国近現代史②、岩波新書、二〇一〇

その他の参考書籍（批判的に利用したものも含む）

宮脇淳子『かわいそうな歴史の国の中国人』徳間書店、二〇一四
宮脇淳子『悲しい歴史の国の韓国人』徳間書店、二〇一四
上田信『中国の歴史09　海と帝国　明清時代』講談社、二〇〇五
菊池秀明『中国の歴史10　ラストエンペラーと近代中国』講談社、二〇〇五

平野聡『興亡の世界史17　大清帝国と中華の混迷』講談社、二〇〇七
ユン・チアン『マオ　誰も知らなかった毛沢東（上・下）』講談社、二〇〇五
小島晋治・丸山松幸『中国近現代史』岩波新書、一九八六
市古宙三他『世界の歴史13　帝国主義の時代』中央公論社、一九七五
増井経夫『大清帝国』講談社学術文庫、元版一九七四、二〇〇二
森正夫・加藤祐三『地域からの世界史3　中国（下）』朝日新聞社、一九九二
鈴木亮・二谷貞夫・鬼頭明成『中・高校生のための中国の歴史』平凡社ライブラリー、二〇〇五

教科書

中学・高校で使用されている、以下の代表的なものは一覧した。

『明解新世界史　新訂版』帝国書院、二〇一二
『高等学校　世界史A　改訂版』清水書院、二〇一二
『要説世界史　改訂版』山川出版社、二〇一二
『詳説世界史　世界史B』山川出版社、二〇一二
『詳説日本史　日本史B』山川出版社、二〇一二
『日本史授業で使いたい教材資料』清水書院、二〇一二
『世界史授業プリント』地歴社
『中学社会　歴史』教育出版、二〇一二
『社会科　中学生の歴史』帝国書院、二〇一二
『新しい社会　歴史』東京書籍、二〇一二

図表一覧

マ行

ヤ行

ラ行

ワ行

ナ行

ハ行

タ行

サ行

カ行

マ行

ヤ行

ラ行

事項・地名索引

欧字

ア行

タ行

ナ行

ハ行

人名索引

ア行

カ行

サ行

著者略歴

宮脇淳子（みやわき・じゅんこ）

1952年和歌山県生まれ。京都大学文学部卒業、大阪大学大学院博士課程修了。博士（学術）。専攻は東洋史。大学院在学中から、岡田英弘（東京外国語大学名誉教授）からモンゴル語・満洲語・シナ史を、その後、山口瑞鳳（東京大学名誉教授）からチベット語・チベット史を学ぶ。東京外国語大学アジア・アフリカ言語文化研究所共同研究員を経て、東京外国語大学、常磐大学、国士舘大学、東京大学などの非常勤講師を歴任。著書に『真実の中国史［1840-1949］』『真実の満洲史［1894-1956］』『真実の朝鮮史［1868-2014］』（以上、ビジネス社）、『モンゴルの歴史』（刀水書房）、『最後の遊牧帝国』（講談社）、『朝青龍はなぜ強いのか』『世界史のなかの満洲帝国と日本』（以上、ワック）、『日本人のための世界史』（KADOKAWA）など多数ある。

カバー写真／鎌形久・アフロ

封印された中国近現代史

2017年11月22日　第1刷発行

著　者　　宮脇 淳子
発行者　　唐津 隆
発行所　　株式会社ビジネス社

〒162-0805　東京都新宿区矢来町114番地 神楽坂高橋ビル5階
電話　03(5227)1602　FAX　03(5227)1603
http://www.business-sha.co.jp

印刷・製本　大日本印刷株式会社
〈カバーデザイン〉上田晃郷
〈本文組版〉茂呂田剛（エムアンドケイ）
〈編集担当〉本田朋子
〈営業担当〉山口健志

ISBN978-4-8284-1989-3